Michael Laitman

SIEMPRE CONMIGO

Sobre mi maestro Rabash

Michael Laitman

SIEMPRE CONMIGO
Sobre mi maestro Rabash

LAITMAN KABBALAH PUBLISHERS

Michael Laitman

Always with Me
About My Teacher Rabash

Copyright 2021 by Laitman Kabbalah Publishers
Steeles Avenue West, Suite 532 1057
Toronto, ON M2R 3X1, Canadá
Todos los derechos reservados

Traducción: Anna Tzitayat, María Noreña
Edición: Elena García
Revisión: José Bernardo Hernandez,
Norma Livne, Fabiola Torres
Contenido original: Semión Vinokur
Diagramación: Gill Zahavi
Diseño de la portada: Rony Perry
Postproducción: Uri Laitman, Norma Livne
Coordinación del proyecto: Gil Kedem

I.S.B.N: 978-1-77228-046-3 : מסת"ב

contenido

La pregunta más importante de la vida 9
Te ponen contra una pared. 14
Un ángel en el semáforo 16
Calcular el guión Superior 17
No quiero ir. 19
Me dieron una oportunidad. 20
Un impacto 23
Lo encontré y no lo dejaré escapar 25
Hilel aviva la llama 26
Rabash quiere hablar contigo 27
¿Él me ha dejado? 29
Una duda sembrada 30
Los «astutos» cabalistas. 31
Así empecé a vivir 33
Esperando un milagro 34
Rabash se entusiasma. 35
¡Lo convencí! 36
Hacia el corazón 37
No hay casualidades 38
Entre Hilel y Rabash. 40
El sistema de Rabash 41
Los estados 42
Rabash guía. 43
Agarrarse con uñas y dientes 44
Mis miedos 46
Todo acaba de empezar. 47
Lo escrito por su padre 49
«Tú me has rodeado por detrás y por delante» 51
El horario apretado. 53
Los descensos. 55
«Shamati» - «Escuché» 57
«No tienen la línea izquierda» 59
¡Ellos no escucharán! 62
La plegaria. 64
Un libro mágico. 65
Todo trata sobre mí. 67
Esto es lo que descubro de mí. 69
Rabash y yo somos un grupo 71

Pésaj según Baal HaSulam y Rabash 73
Un grano de café 74
¡Fue muy duro para mí!..76
La «insignificancia» del cabalista 78
Él me quita fuerzas 79
¡¿Por qué no pediste?! 80
Rabash y Kotsk 81
El silencio 82
Antes del avance 84
Estamos aún más cerca 86
Mi propuesta para Berg 88
Rabash se entusiasma...90
Así es como sucedió... 91
La revolución 92
El revolucionario..93
En qué tiempo vivíamos... 95
Sin compromisos 97
Las decenas... 100
Esto vivía en él 101
Esta explosión se estaba preparando 103
¡Y comenzó!..... 106
Compramos una máquina de escribir............................. 109
Conocer el alma... 111
Cuidar de los demás 113
Inesperadamente El Zóhar.. 114
Los retiros de Rabash.. 118
Él no me reconoció... 120
La solución 122
Sobre las comidas 123
¡Juntos! 125
Trepidación.. 127
Hotel para dos 129
Lo dicho permanece... 130
La eternidad en Tiberíades... 131
Que sufra... 133
El amo de su cuerpo 134
Los ataques al mundo 135
Podríamos haber asaltado... 137
Mi descubrimiento... 140
Mi parto 141

Mis descensos	143
Anularse ante el Maestro	146
Cuando llega la «noche»	148
El error	149
La fuerza de Rabash	151
Rabash y el miedo	154
Lo imprevisto	157
Rabanit Yojeved	158
En el hospital	159
Amor	160
La separación	161
Rabash me sorprende de nuevo	162
Rabash se debilita	163
Los últimos días	168
«Be toj amí anojí yoshévet» (Me quedo entre mi pueblo)	169
Así se fue él	170
Se fue y se quedó	172
¡Y de repente ya no está!	175

A lo largo de doce años, el Dr. Michael Laitman fue discípulo y asistente personal del Rabí Baruj Ashlag, hijo del Rabí Yehuda Ashlag, autor del Sulam (Escalera), el más respetado comentario sobre El Libro de El Zóhar.

El Dr. Laitman sigue los pasos de su mentor en su misión en la vida: promover la diseminación de la sabiduría de la Cabalá a toda la humanidad. En 1991 fundó el Instituto Bnei Baruj para el Estudio e Investigación de la Cabalá, una organización que hoy en día cuenta con estudiantes de todo el mundo. Imparte clases virtuales a diario, las cuales son traducidas de manera simultánea a doce idiomas.

Doctor en Filosofía y Cábala, máster en Biocibernética, el Dr. Laitman ha escrito más de cuarenta libros, los cuales han sido traducidos a múltiples idiomas.

La pregunta más importante de la vida

Llegué a Rabash[1] ya cansado de buscar, hambriento por descubrir la verdad: la había estado buscando en vano toda mi vida.

«¿Para qué vivo?». Esta pregunta me había atormentado, literalmente me había consumido. Tengo un recuerdo de niño: estoy tumbado sobre la hierba alta del parque de mi ciudad, miro las estrellas y pienso con anhelo y esperanza: «¿Puede ser que de allí me llegue la respuesta? ¿Cuál es el sentido de mi vida? ¿Cuál es?». Todavía no había empezado a vivir y la angustia ya se apoderaba de mí, el ansia por una meta desconocida, elevada y genuina.

Los años iban pasando mientras yo intentaba encontrar la respuesta en la ciencia, en los libros, trataba de entender de manera lógica. Pero nada funcionaba. Incluso fue a peor. Cada vez se revelaban más el vacío y la desesperación por todos mis esfuerzos. En algún momento, llegué incluso a pensar que moriría sin lograr nada.

Me mudé a Israel. Trabajé cuatro años en el ejército reparando la electrónica de los aviones.

---

1 Rabash – el rabino Baruj Shalom HaLevi Ashlag (1907-1991), un hijo y estudiante de Baal HaSulam, el gran cabalista del siglo XX.

Luego dejé el ejército, abrí mi propio negocio, que me reportaba buenos ingresos, compré un ático de dos pisos, trataba de imitar a los ricos e ilustres, pensaba que lo olvidaría todo...

Pero no, no podía; me levantaba por la noche, salía al patio y no podía contener las lágrimas que empezaban a brotar. «¿Qué es esto?» pensaba, y me dirigía a alguien sin saber a quién: «¡Al menos, indícame en qué dirección buscar!».

En algún momento pensé: voy adonde los religiosos. Los vi como personas benevolentes y tranquilas que aparentemente habían encontrado el sentido de la vida. Fui a Jerusalén a contactar con un famoso rabino de habla rusa, quien me dijo con toda seriedad que la serpiente tenía dos patas: «¿No es así? ¡Así está escrito!».

– ¿Debo creérmelo? –le pregunté.
– ¡Claro que sí! Mira, aquí está escrito negro sobre blanco –respondió él.

Aquello me asustó de inmediato por ser completamente anticientífico.

Tuve un encuentro con Branover, un doctor en física que se había convertido en un hombre religioso. Pensé: es un físico, un hombre de ciencia... Pero no, tampoco funcionó.

Durante tres meses estudié en Kfar Jabad[2], estudié el Talmud[3], junto con adolescentes, leí a Tanya[4]. Finalmente lo dejé.

Durante esas «idas y venidas», conocí a un compañero que, igual que yo, estaba buscando algo. Se llamaba Jaim Malka, nos hicimos amigos, comenzamos a reunirnos todas las noches y a estudiar metódicamente todos los libros. Jaim leía en voz alta y yo tomaba notas, como si fuera una clase en la universidad. Así estudiamos muchos libros de Ramak[5], y Ramjal[6].

Sin embargo sentía que los libros no ayudaban; es más, no nos iban a ayudar. Entendí que solos no alcanzaríamos nada, que había que buscar un Maestro: alguien que ya hubiera recorrido este camino. Dicho y hecho, empezamos a buscar.

Conocimos a Baba Sali[7], todos decían que era un cabalista. Resultó ser una persona sencilla, muy abierta, que contaba lo que veía pero no podía explicarlo.

Luego di con el centro de Berg[8]. Compré allí todos los libros que había. Conocí al propio Berg, que incluso me dio varias lecciones, hasta que empezó a introducir la cosmología en la explicación. Entonces me di cuenta de que aquello, ciertamente, no era para mí: nunca pude soportar el misticismo…

Llegué a conocer a Itzjak Zilberman de Jerusalén, era un cabalista reconocido. Él enseñaba la Cabalá según el Gaón de Vilna (HaGrá)[9]

---

2 Kfar Jabad (en hebreo כפר חב״ד) es un asentamiento religioso de los jasidim de Jabad en Israel, que es una tendencia en el jasidismo, también llamado jasidismo de Lubavitch.
3 Talmud (enseñanza) es un conjunto de disposiciones legales y ético-religiosas del judaísmo, que cubren a Mishná y Gmará en su unidad.
4 Taniya (hebreo תניא) o Likutei Amarim (hebreo ליקוטי אמרים) es el libro fundamental de Jabad.
5 Ramak, un rabino Moshe Cordovero (1522-1570) es un famoso cabalista, un representante de la escuela de Safed de Cabalá, un autor de muchos libros.
6 Ramhal, un rabino Moshe Jaim Luzzatto (1707-1747), es un cabalista, un autor de docenas de libros sobre la Cabalá y ética judía.
7 Israel Abujatzira (también conocido como Baba Sali, que significa «padre orante» o «padre Israel»; 1889-1984) es un cabalista, líder espiritual de los judíos marroquíes que viven en Marruecos e Israel.
8 El Centro de la Cabalá de Berg, fundado en 1971, por el rav F. Berg, un estudiante del rabino J. Brandwein, uno de los estudiantes de Baal HaSulam.
9 HaGrá (Gaón de Vilno), rav Eliyahu ben Shlomo Zalman (1720-1797) es un cabalista, una autoridad espiritual sobresaliente.

y, al mismo tiempo, era una persona religiosa, respetada por todos, no como el místico Berg, a quien nadie aguantaba. Itzjak me dijo: «Tú y yo vivimos entre la gente religiosa, por lo tanto debemos estudiar el Talmud. Esto nos brindará protección para que podamos aprender Cabalá. Porque la Cabalá no le gusta a nadie».

Empecé a estudiar con él. Enseñaba un poco las bases de la Cabalá según el libro Safra de Tzniuta de HaGrá. ¡Y tampoco podía explicar nada! Simplemente leía y nada más. Eso me enfurecía: «¿Qué pasa? –le preguntaba ¿Sobre qué trata esto?». Me respondía: «Algún día lo sabremos». Este «algún día» no me satisfacía. Necesitaba respuestas, no promesas. Luego Zilberman vino a mi casa y vio en mis estanterías los libros de Baal HaSulam[10]. Palideció, los señaló con la mano y dijo: «Es mejor bajarlos al sótano, fuera de la vista». Entonces decidí que había llegado el momento de terminar con él. Así, por primera vez, defendí a Baal HaSulam aunque aún no sabía que toda mi vida futura estaría unida a su nombre y su legado.

---

10 Baal HaSulam - rav Yehuda Ashlag (1884-1954). Fundador del método moderno de la Cabalá. El autor de los comentarios sobre los trabajos de Arí. Recibí su nombre de «Baal HaSulam» después de la publicación de su comentario «HaSulam» (Heb. - «escalera») Sobre El Libro de El Zóhar.

Te ponen contra una pared...

Un día, tras otra búsqueda más de un maestro, estábamos mi amigo Jaim Malka y yo en su apartamento, en Rejovot. Llegué después de trabajar cansado y exhausto. Era una noche de invierno fría y lluviosa, con fuertes ráfagas de viento. Jaim sugirió: «Vamos a preparar café como siempre y estudiemos». Pero respondí: «No, yo ya no puedo más».

Recuerdo aquella sensación mía muy claramente: todo es en vano, no hay a dónde ir, ¡¿para qué necesito una vida así?!

Es un milagro cuando a uno lo llevan a ese estado y no lo dejan escapar. Era como si tuviera que levantarme, dar un portazo y olvidarme de todo. Tenía dinero, trabajo, una familia maravillosa, podía irme donde quisiera, viajar, vivir para disfrutar. Pero no. Te ponen contra la pared, simplemente te presionan contra ella y de repente depositan una última esperanza en tu corazón.

Mucho más tarde, después de muchos años, me di cuenta de que estos son los momentos más preciados de la vida: cuando sientes que te encuentras en un callejón sin salida. Esto es lo que se llama plegaria.

Y en ese estado tan desesperado dije:

- Jaim, vamos a buscar un maestro ahora mismo. –Aquellas palabras me salieron desde una especie de niebla, desde una sensación de impotencia total. ¡Tenemos que encontrarlo hoy!
- ¿Dónde encontrarlo? –Me preguntó. –Ya hemos estado en todos los lugares.
- He oído que la Cabalá se estudia en Bnei Brak[11].

Y no es que lo hubiera pensado alguna vez. Durante todos estos años visité Bnei Brak solamente en una o dos ocasiones, no conocía esa ciudad. Y de repente dije: «En Bnei Brak».

---

11 Bnei Brak (hebreo בְּנֵי בְּרָק) es una ciudad en Israel ubicada en el distrito de Tel Aviv. La mayor parte de la ciudad está compuesta por residentes religiosos.

Y Jaim también, prácticamente sin pensárselo un segundo, estuvo inmediatamente de acuerdo: «Está bien, vamos ahí».

Subimos al automóvil y nos marchamos. Recuerdo que la lluvia inundaba el parabrisas, iba conduciendo casi a ciegas. Pero ni siquiera pensé por un momento en parar, esperar a que la lluvia cesara, volver... no. Solamente ir, y tan pronto como fuera posible.

Un ángel en el semáforo

Llegamos a Bnei Brak. Nos encontrábamos en un cruce en el centro de la ciudad, no sabíamos a dónde ir. Entonces, abro la ventanilla y a través de la lluvia le grito a un hombre vestido con ropa negra religiosa que está parado en el semáforo como si nos estuviera esperando. Le grito:

– Dígame, ¿dónde estudian la Cabalá aquí?

Eso ocurrió hace cuarenta años, en aquel entonces la gente tenía miedo de la palabra «Cabalá», como si fuera lepra. Pero ese hombre me miró y me dijo con mucha calma: «Gira ahora a la izquierda, sigue hasta la plantación, enfrente verás una casa: allí estudian la Cabalá».

Rabash, cuando se enteró de esta historia, dijo: «Era un ángel. Precisamente así le hacen llegar a uno al lugar correcto. Te agarra una cierta fuerza, te hace dar un giro y te dirige allí donde encontrarás la respuesta a todas tus preguntas. Si has hecho un esfuerzo, ciertamente te harán llegar».

Calcular el guión Superior

Y allá nos dirigimos. Efectivamente, después de varios cientos de metros, de la oscuridad del jardín emergen unos naranjos y aparece una casa.

Una ventana a lo lejos está tenuemente iluminada. Nos detenemos, entramos. Todo está a oscuras, excepto una pequeña habitación al final del pasillo. Entramos y vemos a cinco o seis ancianos que están sentados y estudian.

Recuerdo que pregunté desde la puerta: «¿Es aquí donde estudian Cabalá?». El anciano que estaba sentado en la cabecera de la mesa nos dijo sin inmutarse: «Sí, es aquí, siéntense». Nos sentamos..

Estaban leyendo El Libro de El Zóhar[12]. Leían la parte de arriba en arameo[13], la parte de abajo en hebreo y la explicación era en yidis[14].

---

12 El Libro de El Zóhar es el principal libro cabalístico, escrito alrededor del año 120 e.c. El Autor: Rabí Shimón Bar Yojay (abreviado Rashbi).

13 Arameo es un idioma del grupo semítico. En la antigüedad, arameo era un idioma hablado en la Tierra de Israel, Siria y Mesopotamia.

14 Yidis (literalmente «judío») es un dialecto judío-alemán del grupo alemán, históricamente el idioma principal de los judíos Ashkenazi, que a principios del siglo XX era hablado por unos 11 millones de personas en todo el mundo.

Yo sabía hebreo más o menos, podía leer, lo hablaba, pero arameo y yidis… era demasiado. Quise levantarme de inmediato e irme a buscar un nuevo lugar, estaba impaciente y no me importaba lo que pensaran de mí, pero Jaim me retuvo. Él estaba acostumbrado a estudiar en una institución religiosa, estaba lleno de respeto «hacia el sabio y los discípulos del sabio». Por eso, con un gesto, me paró y dijo: «¡Siéntate!».

Así que nos quedamos hasta el final de la clase. Recuerdo que pensé que su hebreo era tan incomprensible para mí como el arameo o el yidis. Y pensé: «Hay que escapar de aquí cuanto antes». Pero, de repente, el anciano nos preguntó:

– ¿Qué quieren ustedes?
– Venimos de Rejovot y queremos encontrar un lugar donde se estudie Cabalá –le contesté.

Recuerdo que dije exactamente: «Queremos encontrar un lugar» y no «queremos estudiar», porque estaba seguro de que no nos quedaríamos ahí.

– Les organizaré este lugar. Déjenme su número de teléfono, lo arreglaré todo y les llamaré –respondió el anciano.

¡Cuántas veces he pensado después en lo imposible que es calcular con lógica este guion de lo Alto! En aquel momento, estaba dispuesto a irme, a escapar. Y me pararon. ¡Qué bendición!

No quiero ir

Regresamos a Rejovot. La mañana siguiente era la habitual mañana de trabajo. Alrededor de las 4 de la tarde, vino Jaim y me dijo: «Hoy iremos a estudiar». Yo le dije que no iría, que no me habían impresionado ni ellos ni su maestro y que tampoco entendía su hebreo. En resumen, que aquello era una pérdida de tiempo, y ya lo habíamos perdido bastante.

Pero Jaim insistía, no se rendía, dijo que él había hecho una promesa y que no podíamos ausentarnos, que debíamos mostrar respeto y acudir, aunque solo fuera por un rato.

Yo acepté. Pero con la condición de que nos quedáramos solamente unos cinco o diez minutos y luego yo fingiría recordar que tenía una reunión importante y escaparíamos de allí para siempre.

Así me lo prometió y fuimos.

Me dieron una oportunidad

Cuando llegamos, aquel anciano que presidía estaba allí de nuevo.

En ese momento yo no sabía que se trataba del propio Rabash, el gran cabalista a quien, nada menos, le debo la vida.

Yo entonces no era capaz de entenderlo. Así es como al hombre le cierran los ojos, los oídos, la mente y no ve quién está delante de él, sino que está dispuesto a dejarlo todo e irse. Pero, aun así, no te sueltan, te dan la oportunidad de agarrarte.

Y a mí, me dieron esta oportunidad.

La primera pista fue que vi en el edificio una placa: «Arí – Ashlag»[15]. La noche anterior no la había visto. Sabía que el Arí era un gran cabalista del siglo XVI, Jaim y yo habíamos intentado leer su Árbol de la Vida. También sabía quién era el Rav Ashlag (Baal HaSulam). Habíamos leído su manual El Estudio de las Diez Sefirot[16], no era fácil. Habíamos trabajado con su Introducción a la Sabiduría de la Cabalá[17], pensábamos que entendíamos algo. En resumen, esto me calmó un poco. «Arí – Ashlag»... esto sin duda era Cabalá.

Cuando entramos, Rabash llamó a uno de los ancianos, Hilel. Y dirigiéndose a él como si fuera un niño, le dijo:

– Hilel, ven aquí, estudia con ellos.

Hilel por aquél entonces ya tenía unos 65 años, era un anciano enfermizo con ojos llorosos y semblante pálido, apenas podía moverse. Recuerdo que pensé: «¿Y este anciano va a enseñarnos?».

Luego me enteré de que Hilel era descendiente de una famosa familia jasídica, podría haber estado al frente de la dinastía, pero un

---

15 «Arí - Ashlag» es un nombre compuesto de los nombres de los cabalistas: Yehuda Ashlag (Baal HaSulam) y Arí - el nombre completo de Yitzjak Luria Ashkenazi (1534-1572). Uno de los más grandes cabalistas en la historia de la humanidad. Creó un sistema fundamental de entrenamiento de la Cabalá. Usando su técnica, cada persona que estudia la Cabalá puede llegar a la meta de la Creación. Su trabajo principal es el libro «El Árbol de la Vida».

16 TES - Talmud Eser Sefirot (traducido del hebreo - El Estudio de las Diez Sefirot) es el principal manual cabalístico de nuestro tiempo (6 volúmenes, más de 2000 páginas). El legado principal de Baal HaSulam. Aunque Baal HaSulam es famoso como el autor del comentario «HaSulam» sobre el Libro de El Zóhar, para aquellos que buscan entrar en el Mundo Superior, la obra «El Estudio de las Diez Sefirot» proporciona la fuerza necesaria para superar la frontera que divide entre nuestro mundo y los mundos espirituales superiores. Incluye preguntas y respuestas, materiales para la repetición y memorización, explicaciones, gráficos, dibujos, etc. El libro describe las leyes y fuerzas que gobiernan nuestro universo.

17 El artículo de Baal HaSulam, el cual estudian antes de El Libro de El Zóhar y El Estudio de las Diez Sefirot.

día, cuando era muy joven, conoció a Rabash. Comenzaron a hablar sobre el trabajo interno, sobre la gobernanza superior, y Hilel de repente vio que Rabash sabía algo que él mismo desconocía. Hilel había quedado deslumbrado: ¿de dónde había obtenido Rabash tales conocimientos? Esto le motivó enormemente. Así que lo dejó todo y se aferró a Rabash para siempre.

Todo esto sobre Hilel llegué a saberlo más adelante, pero entretanto son muchas las dudas que tengo de poder obtener algo de él. Una vez más, echo un vistazo hacia la puerta pensando en cómo desaparecer inadvertidamente... pero me quedo. Y me quedo gracias a Rabash. De repente, me fijo en qué ligeros son sus movimientos, en cómo él, de alguna manera especial, nos señala con la mano mientras me asiente con la cabeza. Sí, eso es exactamente lo que recuerdo: me miró de tal manera que decidí no precipitarme, quedarme.

Ahora entiendo que, ya en aquel momento, Rabash lo sabía todo sobre mí.

Un impacto

Nos sentamos en una sala vacía de la casa. Otra vez estaba oscuro, otra vez retumbaban los truenos y relampagueaba. Así era aquel invierno, pero ahí el ambiente era caldeado, era acogedor y esto también influyó: ¿Adónde íbamos a ir? Y empezamos a estudiar.

- Normalmente, comenzamos con la Introducción a la Sabiduría de la Cabalá –dijo Hilel.

Pensé que aquí es donde podría examinarlo puesto que ya habíamos estudiado dicha introducción. En aquel entonces, aún no sabía que «estudiar» en Cabalá no es lo mismo que en la física o en las matemáticas, y que aquí el conocimiento no desempeña papel alguno. Pero la comprensión de esto llegaría más tarde, mientras tanto estaba seguro de mí mismo y me preparaba para examinar a Hilel: ahí estaba él, sentado frente a nosotros, enfermo, cansado, se limpia los ojos llorosos con un pañuelo, carraspea. Lo miraba y no podía imaginar qué pasaría a continuación.

Hilel empieza a leer la primera frase de la Introducción a la Sabiduría de la Cabalá, lee y explica:

- «Rabí Janania Ben Akashia dijo» –lee él– «El Creador quiso honrar a Israel... En hebreo, la palabra "honrar" se parece a la palabra "limpiar". Esto plantea dos preguntas: a) ¿Cuál es el privilegio con que el Creador quiere honrarnos?; b) ¿De qué "impureza" quiere limpiarnos?».

Hilel levanta sus ojos llorosos y pregunta tras Baal HaSulam:

- Entonces, ¿de qué nos quiere limpiar? ¿Ah?

No espera nuestra respuesta y empieza a explicar.

Y ese momento no lo olvidaré nunca. De repente sentí que, literalmente, estaba encadenado a la silla. Empecé a temblar. Lo miraba y no podía apartar los ojos.

Nunca, nunca en mi vida había escuchado una explicación científica tan hilvanada y precisa. Ya no veía delante de mí a un anciano enfermizo, sino a un luchador con un escudo y una espada en sus manos; no un maestro cansado y desconocido, sino a un gran sabio como el mundo no había visto jamás.

Él explicaba las cosas más complicadas, «física cuántica, matemáticas superiores» del mundo espiritual, pero de una forma muy simple, fácil y clara, con definiciones precisas. Nos revelaba al gran Baal HaSulam. Le daba la vuelta a nuestra forma de pensar.

¿Qué sentí entonces? ¡Pues lo que siente el hombre cuando se libera de un dolor terrible, de un gran sufrimiento, de una enfermedad mortal que se le ha diagnosticado como incurable! Y de repente, resulta que hay una cura y sin duda se recuperará.

Y todas mis preguntas: «¿Cuál es mi propósito?», «¿Por qué yo?», «¿De dónde vengo?», «¿Para qué vivo?», «¿Quién soy?» –Todas mis preguntas personales que me habían dejado herido, así como las preguntas generales: «¿Para qué existe el mundo?», «¿Y todo el universo?» –Todas ellas, de repente, empezaron a aclararse; resultó que estaban estrechamente interconectadas y tenían respuesta. Y entendí: «¡Lo he encontrado! ¡Aquí está y es real! ¡Ojalá no lo pierda!».

Y lo más importante, sentí que estaba en casa, que mi camino lleno de desesperación, desolación, vacío y depresiones, terminaba aquí mismo, en esta casa, en las afueras de Bnei Brak.

Lo encontré y no lo dejaré escapar

No me di cuenta de que la clase había terminado. De repente Hilel cerró el libro. Pero todo mi ser exigía que la clase continuara: ¿Acaso puede uno pensar en irse ahora mismo? ¿Acaso puede uno comenzar a ocuparse de los asuntos terrenales? ¡No, imposible!

Pero Hilel dijo: «Creo que vamos a reunirnos una vez a la semana».

«¡Una vez a la semana!» –Escuché un grito interno y enseguida contesté:

– Mañana estamos libres, tenemos muchas ganas de que sea mañana. ¡Por favor, mañana!

Y él estuvo de acuerdo.

Hilel aviva la llama

Al día siguiente ya vine con una grabadora. Empezamos a estudiar.

Aproximadamente dos meses más tarde, cuando el primer entusiasmo había pasado y pude entender lo que estaba sucediendo, llegué a mi conclusión principal: estoy en el camino correcto con el maestro correcto. Ya no tenía miedo de hacer preguntas y además las hacía de forma pertinente. Preguntaba sobre el comportamiento de la fuerza superior hacia nosotros, sobre el plan de la creación y sobre su realización en nosotros. Hilel le hacía frente muy bien a todas las preguntas. Y entonces yo las hacía más incisivas.

Por supuesto que no iba con la intención de confundirlo o interferir con el curso de la clase, pero yo cada vez quería más aclaraciones. Sentía tanta sed por esta sabiduría como por ninguna otra cosa en la vida.

Y él la avivaba cada vez más. Respondía sin pensar, como si supiera de antemano qué pregunta le haría. Daba explicaciones concretas y simples, como en la mecánica: existe la Luz, existe la vasija, interactúan entre sí. Y de repente resultó que esto podía explicarlo absolutamente todo.

Empezamos a estudiar El Estudio de las Diez Sefirot. Él nos revelaba el sistema de los mundos, nos llevaba de una fuerza a otra; era rico en conocimientos precisos, excelsos, y sabía cómo transmitirlos bien.

Rabash quiere hablar contigo

Empecé a estudiar en invierno y dos o tres meses más tarde, poco antes de Pésaj, Hilel me dijo: «Michael, Rabash quiere hablar contigo en privado».

No me sentí especialmente entusiasmado, estaba muy contento con las enseñanzas de Hilel. Pero Hilel me miró de una forma tan extraña que comprendí que tenía que ir a ver a Rabash.

Rabash me llamó a su despacho, me invitó a sentarme frente a él, abrió el libro y empezó a estudiar conmigo La Introducción a El Libro de El Zóhar[18].

Había intentado leer esta introducción ya antes, pero había sido demasiado difícil para mí. Baal HaSulam empieza el artículo haciendo una serie de preguntas: «¿Cuál es nuestra esencia?». «¿Cuál es nuestro papel en la larga cadena de la realidad en la cual somos unos pequeños eslabones?»…

---

18 Uno de los artículos introductorios de Baal HaSulam, con el cual empiezan a estudiar la Cabalá.

Rabash leía estas preguntas y las iba explicando. «¿Cómo puede ser que del Eterno, que no tiene principio ni fin, provengan unas criaturas insignificantes, temporales y defectuosas?» –leía él.

Él contesta y yo lo escucho con atención, y me sorprendo al pensar que no entiendo muy bien de qué está hablando.

Rabash prosigue con la lectura.

Desde el segundo o tercer punto de esta introducción ya no entendí nada. No asimilaba las palabras. No podía conectarlas, unirlas en mi mente y menos aún en el corazón. Agarraba un pensamiento pero, al instante, lo perdía.

No, estos no eran los secretos de la Torá ni algo abstracto. Pero me sentí como un completo idiota. Después de todo, estaba acostumbrado a asimilar el material, a revestirme de él, esclarecerlo, dibujarlo, escribirlo. Pero ahí, yo, con todos mis estudios, no tenía nada a lo que agarrarme.

Aproximadamente una hora después, Rabash dijo: «Bueno, suficiente por hoy. Continuaremos la próxima vez». Salí con una mezcla de irritación hacia él, hacia mí mismo, pero con la firme decisión de aclararlo todo la próxima vez.

La próxima vez llegó al cabo de unos días.

Hilel me dijo otra vez: «Si quieres, hoy, después de nuestra clase, puedes ir a hablar con Rebe»[19].

Y otra vez tuve una clase con él, y de nuevo no entendí nada.

Después de esto, Hilel ya no me ofreció más ir a ver a Rabash

---

19 El Rebe es un llamamiento respetuoso al rabino adoptado por los judíos Ashkenazi. Corresponde a la palabra Admor. Así se llama un líder espiritual de los jasidim. Es una abreviatura de Adonenu Morenu Ve-Rabenu: nuestro Sr., maestro y mentor.

¿Él me ha dejado?

Eso me afectó. Estaba enojado con Rabash. El hecho de que yo no entendiera nada es natural –pensaba yo– no se puede hacer nada al respecto. ¡Al fin y al cabo, acababa de empezar! ¿¡Y justo por eso tiene que dejarme, abandonarme!? Él había prendido un fuego dentro de mí y, de repente, había dejado que me quemara solo. ¡Me abandonó! ¿Cómo era posible?

Solo más adelante entendería lo que hacía conmigo Rabash. Me estaba poniendo a prueba. Quería ver si me indignaba, si iba a volver a buscar una oportunidad de no entender nada o si preferiría adquirir el conocimiento allí donde nada dañara a mi «yo». A decir verdad, él estaba comprobando si yo valía la pena. Si había madurado para el dolor, para la búsqueda real, para el crecimiento, si valía la pena o no invertir sus esfuerzos en mí.

En aquel entonces esto me indignaba, pero hoy veo cómo lo comprobó todo con mucha precisión.

El Superior siempre da nacimiento al inferior. El inferior no puede engendrarse a sí mismo. Rabash comprobaba si yo quería transformarme; si, como un bebé que llora, me pondría a despertarle sin entender todavía lo que necesitaba, simplemente porque me sentía mal. Él quería de mí una plegaria inconsciente. Quería que yo le obligara a ocuparse de mí.

Y así fue. Todavía no estaba «familiarizado» con Rabash, pero el hecho de que él «me rechazara» despertó en mí un tremendo deseo de abrirme paso hacia él.

Rabash lo veía y lo sentía todo, pero guardaba silencio.

Una duda sembrada

De repente, me di cuenta de que había otro tipo de estudio. Uno ni racional ni científico, sino diferente al que estaba acostumbrado. Y, aunque seguía estudiando con Hilel, desde ese momento, ya no fui capaz, como antes, de sumergirme en la investigación de los textos, en el intento de comprender lo escrito, de saber, de estudiar y de disfrutar de haberlo aprendido. Rabash me «estropeó» este placer. Él sembró en mí una duda que brotó como un pensamiento obsesivo: adentrarme en lo más profundo del material que estaba estudiando.

Los «astutos» cabalistas

¡Gracias a Rabash empecé a entender cómo «juega» Baal HaSulam contigo! Él te guía, te da vueltas de tal manera que, de repente, aparece la esperanza de entender. Te agarras a ella, te alegras... Y, súbitamente, todo desaparece. Y te desesperas, haces un gesto de impotencia –¿cómo puede ser?–. Todo estaba tan claro, era tan lógico... ¡¿Por qué ha desaparecido?!

Y es que la tarea de Baal HaSulam es otra. Él te conduce a un lugar donde de nada te sirve el cerebro, la mente en la que has confiado toda tu vida. Procura entenderlo a tiempo para no alargar el camino. ¡Pero qué difícil es dejar a un lado la mente terrenal y entregarse a lo desconocido!

Rabash exigió de mí que yo estuviera dispuesto a penetrar entre las palabras para que todo lo estudiado se volviera transparente. Y que, por medio de esta transparencia, tú entres en otra realidad. Esto se llama percepción interna, cuando uno percibe el mundo que está tras el libro y tras sus palabras. Cuando, a través de las palabras, uno entra en otro mundo. Rabash me hizo sentir que esa posibilidad existía.

Y entendí que no podía dejarla escapar.

Así empecé a vivir

Pregunté a Hilel cuándo podría asistir a la clase matinal. Hasta ese momento, solamente estudiaba por las tardes.

La clase habitual de Rabash empezaba a las tres de la mañana y continuaba hasta las seis.

Le dije:

– Tengo muchas ganas.

Hilel contestó que iba a consultarlo con Rabash.

– ¿Cuándo? –pregunté.
– Procuraré hoy.
– ¿Es posible ahora? Esperaré –le dije.

Hilel me miró, hizo una pausa y preguntó:

– ¿Y si Rabash está ocupado?
– Tengo tiempo –contesté.

Hilel subió donde Rabash, al segundo piso, él vivía ahí, y enseguida regresó.

– Rabash está de acuerdo –dijo– Puedes venir.

Desde ese momento, hace unos cuarenta años, comenzó un nuevo período en mi vida, el más importante. Lo que yo llamo «la vida».

Esperando un milagro

Vivo en Rejovot, pero voy todas las noches a Bnei Brak a la clase matinal. Me despierto de un salto a las dos de la mañana, ¡o incluso antes! Voy volando al auto y conduzco a gran velocidad para llegar lo antes posible a esa sala nuestra, oscura y fresca, y estar ahí de los primeros, prepararme un café rápidamente y abrir El Estudio de las Diez Sefirot. Por cualquier página. Detenerme sobre esas líneas, tratar de sentir a Baal Sulam y a través de él, penetrar dentro... Pero, ¿acaso es posible?

Luego llegan todos. Rabash baja desde el segundo piso. Y estudiamos.

Éramos pocos entonces. La mayoría de ellos ya se han ido al otro mundo, pero los recuerdo a todos, recuerdo cada momento, las miradas, las preguntas, las respuestas de Rabash y el silencio cuando él cerraba los ojos y teníamos miedo de movernos para no molestarlo.

Es así como empecé a estudiar con Rabash.

Y Jaim Malka decidió quedarse con Hilel.

Rabash se entusiasma

Traje una grabadora a la primera clase matinal. Enseguida me di cuenta de que no quería perderme ni una palabra, ¡yo había tardado tanto en llegar a ese día! ¡Tenía que grabarlo todo!

Puse la grabadora sobre la mesa y, de repente, me di cuenta de que Rabash se había asustado.

Observaba la grabadora sin saber cómo reaccionar, seguía callado y no empezaba la clase.

Lo cierto es que ni él ni su padre tenían por costumbre que alguien anotara lo que se decía en clase ni con lápiz, ni con bolígrafo. Y menos aún con una grabadora. Y ahora, de repente, cada palabra quedaría grabada.

Me dijo: «No, no la vas a encender». Por mucho que intentara convencerle, él no lo consintió. Entendí que si, en ese momento, no encontraba una solución, no me lo perdonaría en la vida.

¡Lo convencí!

Fui a Tel Aviv y compré una grabadora especial.

Me senté frente a Rabash y le mostré todas sus posibilidades: «Este botón es pausa, se puede parar la grabación; este es para rebobinar y puede encontrar cada palabra, cualquier frase; con este botón puede borrarlo todo si usted quiere...».

Él escuchaba con atención, probó la grabadora por sí mismo varias veces, tocaba y presionaba todos los botones. Yo, mientras tanto, añadía que, nosotros, la nueva generación, los estudiantes, estábamos acostumbrados a escribirlo todo, a tomar notas: si yo no escribo algo es como si no lo escuchara. Es que somos externos, estamos vacíos, hay que llenarnos...

Y él lo comprendió. Comprendió que llegarían esos nuevos estudiantes y tendrían que comenzar por algún sitio. Necesitarían los apuntes. Y él consintió. Porque era un revolucionario en todo. Pero accedió con una condición: tener la grabadora a su lado y él mismo determinaría qué grabar y qué no.

Así es como él manejó la grabadora durante todos estos años, y de este modo tenemos recopiladas más de 2.000 horas de grabación de sus clases. También numerosos dibujos.

Lo cierto es que yo me sentaba junto a él y lo escribía y dibujaba todo. A veces, él corregía mi dibujo o lo volvía a dibujar completamente de nuevo.

Hacia el corazón

Con el paso del tiempo entendí por qué Rabash estaba en contra de todo tipo de anotaciones. Entendí por qué veía esto con ligero desprecio. Un día incluso me dijo: «Qué importa si te dije algo o no...». Porque él quería cambios en ti. Había que insertar lo escuchado no en el papel, sino dentro de uno mismo. Para que se filtrase a través del entramado de la memoria hasta el corazón. Y que resonara ahí.

Por medio de su vida me enseñó lo que significa renovarse cada día, empezar cada día de cero sin añadir nada del ayer, entendiendo que el Creador no pide información sobre el material aprendido, sino cambios en el corazón.

No hay casualidades

Entonces, sigo asistiendo a las clases matinales de Rabash y también a las clases vespertinas de Hilel.

Hasta ahora Rabash no muestra ningún interés especial hacia mí. Un estudiante de turno más, veamos cuánto puede aguantar. Al menos esa sensación me daba entonces.

No sé qué hubiera pasado si una mañana no me hubiesen preguntado: «¿Puedes llevar a Rabash al médico?». Yo respondí: «Sí, puedo».

Qué bendición que yo estuviera cerca en aquel momento, qué bendición que todos estuvieran ocupados con algo y que yo tuviera un automóvil. Porque, a partir de aquel momento, empieza a haber otro cálculo en mi vida.

Llevé a Rabash al médico; le diagnosticaron una inflamación de oído y el médico de cabecera lo remitió al hospital. En el hospital, el doctor me dijo: «Tengo la sospecha de que su maestro tiene cáncer». Se me paró el corazón: «¿Qué hacemos?». El médico respondió: «¡Hospitalización inmediata!»

Como estábamos en vísperas de la festividad de Shavuot, me preocupaba que Rebe no aceptara y tuviera que convencerlo. Me acerqué a él, le dije cuál era la situación, y que los médicos habían insistido. Rabash me escuchó y me respondió con calma: «Nos ingresamos». Y así lo hicimos.

Eso fue toda una lección para mí. Entendí que Rabash tenía claro que, para poder enseñar, debía estar absolutamente sano a nivel físico. No podía permitirse descuidar el cuerpo; aquí la meta lo determinaba todo. Por eso, el cuerpo tenía que estar siempre en condiciones para trabajar. Rabash aceptaba las instrucciones de los médicos como una orden de arriba.

Después, todo se desarrolló con sorprendente fluidez. Nos dieron una habitación aparte. Le pregunté a Rabash a qué hora tenía que venir. Pensé que me diría «por la tarde» o durante las horas de visita, él siempre era respetuoso con las normas. Pero respondió: «Ven por la mañana, vamos a estudiar».

Me puse a temblar. Recuerdo claramente aquella palpitación que experimenté: «¡Rabash va a estudiar conmigo en privado!» ¡Nunca hubiera podido soñarlo!

Le pregunté tímidamente:

— ¿A qué hora vengo?
— A las cuatro –contestó él.

No me fui conduciendo a casa... ¡fui volando de la ilusión! Tenía que prepararme.

Entre Hilel y Rabash

A las tres y media de la mañana estaba en la entrada del hospital. No me permitieron entrar y escalé la valla, rasgándome los pantalones entre las prisas y los nervios. Subí a la habitación de Rabash por la escalera de incendios, él ya estaba esperándome. Encendimos unos cigarrillos, entonces se podía fumar en cualquier lugar.

Esta vez no abrió la Introducción..., sino El Estudio de las Diez Sefirot (TES). Y empezó a leer.

Yo tenía tantas esperanzas de tener algún entendimiento, de ser impactado; después de todo, el lenguaje con el que se escribió El Estudio de las Diez Sefirot es similar al de la física. O ¿tal vez así, a solas con el Maestro, de repente se me revelaría el significado de lo escrito? ¿O Rabash cambiaría su relación conmigo y me lo explicaría todo? Pero no, fue todavía peor.

No me contaba nada. Solamente leía y nada más. Y yo, sin entender nada. Cuando intentaba preguntar algo, se rascaba la cabeza y decía:

– Pues, es así...
– ¿Cómo? –preguntaba yo.
– Pues así –me contestaba.

Yo estaba desesperado por no entender nada. Incluso varias veces me sentí tentado a abandonar e ir por la tarde a la clase de Hilel para obtener respuestas preparadas y correctas para todas las preguntas. Yo sabía que las recibiría… Pero me di cuenta de que no lo iba a hacer.

El sistema de Rabash

Rabash te preparaba solamente para la percepción. Sin percepción, todos tus conocimientos no sirven de nada. Era tan duro salir de la clase de Rabash completamente vacío viendo cómo los demás salían de la lección de Hilel felices y entusiasmados. Nos decían: «¿Qué es lo que no está claro aquí? Es muy fácil de explicar...». ¡Y lo explicaban!

Una vez, Rabash, al ver que yo estaba perdido y no entendía qué era mejor –si la alegría o el desánimo después de la lección–, se acercó y me dijo:

– Si después de una lección no te sientes más vacío que antes de la lección, ¡no es una lección!

Debes salir con una sensación de que no tienes nada. Tienes que gritar: «¿Qué debo hacer?». Y entonces, ¡la clase habrá sido un éxito!

Por suerte, escuché a Rabash, comprendí a tiempo quién estaba delante de mí y que, sin dudarlo, debía seguir sus pasos.

Los estados

Pero lo sorprendente es que, aun comprendiendo esto, yo no estaba libre de dudas.

Cuando tomas la decisión y dices «esta es mi vida, es mi camino, este es mi Maestro», es entonces cuando surgen preguntas dentro de ti, precisamente cuando estás tan seguro: «¿Será este el camino? ¿Será este el maestro? Y la meta también habría que comprobarla...». Y cuando empiezas a luchar contra estas preguntas, cometes muchos errores. No puedes evitarlos. Aún eres un niño.

Una vez, cuando me encontraba en un estado así, me acerqué a Rabash y le dije directamente: «Tengo 34 años, tengo la intención de dedicar toda mi vida a la Cabalá. Solo me preocupa una cuestión: ¿eres tú el Maestro que me llevará a la meta?».

Pensé que él me calmaría, que me respondería de tal forma que yo sentiría que no había que preocuparse, pensé que me transmitiría certeza, fuerza, seguridad. Pero fue totalmente al revés.

Rabash dijo:

– No sé. Tienes que sentirlo por ti mismo.
– ¿¡Cómo!? –le pregunté casi gritando.
– Con tu corazón –me contestó– No hay otro modo.

Él dirigía a todos hacia el Creador.

Nunca dirigía a nadie hacia sí mismo.

Rabash guía

Pasó una semana y vi que Rabash se volvió «más cálido» conmigo.

Iba al hospital cada mañana y pasaba con él todo el día. Me preparaba para ello, arreglaba de antemano todos los asuntos cotidianos para que nada me distrajera. Trataba de no perderme ni una palabra suya. Esto requería mucho esfuerzo.

Estar cara a cara con un cabalista de este nivel no es nada fácil. A veces me encontraba en estados en los que de pronto me sorprendía de no tener preguntas. Me parecía que tenía muchas y las había preparado en cantidad pensando que, sin falta, las preguntaría. Y de repente, estaba sentado frente a Rabash y me quedaba sin palabras.

Rabash, por así decirlo, me «silenciaba». Yo no era capaz de abrir la boca y él parecía no prestarme atención. Cuántas veces más adelante sentí que él dirigió toda mi vida, que de antemano ya lo sabía todo acerca de mí. Y efectivamente así fue.

Agarrarse con uñas y dientes

Fue en el hospital donde surgió ese contacto entre nosotros que luego se convertiría en una conexión verdadera e indisoluble.

Recuerdo que, una vez, ya no pude soportarlo más y le pregunté con mucho dolor: «¡¿Cómo puede entenderse esto?! ¡¿Cómo?!», como diciendo: «¿Pero por qué me estás atormentando?». Y, de repente, él me respondió con tanta sencillez y claridad: sentía mi estado. Hablábamos sobre lo que está escrito en el Talmud; dos se aferran al Talit, y uno dice: «Esto es todo mío», y el otro responde: «No, es mío».

- ¿De qué trata esto? –le pregunté– ¿Por qué estos dos desgarran el Talit?

Y de pronto Rabash dijo:

- Talit[20] es una persona.

Recuerdo que me quedé de piedra, maravillado. Eso le daba la vuelta a mi manera de ver.

Rabash prosiguió:

- Los dos que lo están desgarrando son las dos fuerzas que se apoderan del hombre: la fuerza del mal y la del bien, el deseo de disfrutar y el de otorgar.

Esto era tan sencillo y tan profundo a la vez.

- Y el hombre debe verse a sí mismo como neutro, situado entre esas dos fuerzas –dijo Rabash– Y ser responsable de cuál de las dos hablará en él. Ahora, pregúntate qué quiere el Creador de ti. Él es quien actúa en ti desde ambos lados, ¡Él!

De repente, sentí con tanta claridad la increíble profundidad que hay en él y cómo debía agarrarme a él con uñas y dientes, con todas mis

---

20 Talit (Hebreo טלית) es un mantón especial rectangular. Se visten en Talit durante las oraciones de la mañana.

fuerzas. Y agradecer al Creador por darme esta oportunidad en la vida. Pero pasa el tiempo, tan solo un par de minutos, y otra vez tengo ante mí al viejo y «seco» Rabash que abre El Estudio de las Diez Sefirot y empieza a leer monótonamente por el lugar donde abrió. Lee sin ninguna explicación, sin emoción, sin prestar atención a que, otra vez, no entiendo nada, no siento nada, y nuevamente estoy perdido y vacío.

Hoy, me doy cuenta de que él me conocía a fondo. Sabía de antemano que me quedaría con él y que, aparte de esto, todo lo demás no tenía ningún valor para mí. Él sabía que no me iría a ningún otro sitio, sabía absolutamente todo lo que me ocurriría. Y me estaba preparando para esa vida futura.

Mis miedos

Así es cómo él me arrojaba de un estado extremo a otro todavía más extremo. Tan pronto lo entendía, como no entendía nada. Tan pronto podía sentirlo todo, como no sentía nada. Tan pronto él era grande, como de nuevo no podía sentir su grandeza y tenía que luchar por sentirla.

Así, en esta lucha constante, me fortalecía. De pronto, me doy cuenta de que había estado yendo al hospital durante un mes, y que Rabash estaba a punto de ser dado de alta. Estaba horrorizado. ¿Qué va a ser de mí? No, ¡esto no puede parar! No puedo ceder a nadie nuestras clases matinales a nadie, no puedo imaginar que ya no le preparo café como a él le gusta, como lo preparan en Jerusalén: una cucharita rasa de café y agua hirviendo sin azúcar; sin ese silencio cuando estamos a solas: él cerrando los ojos sin decir nada y pensando, y yo literalmente sintiendo con Quién él está hablando.Tengo tanto miedo de molestarle, de moverme, de suspirar... Y cuando empieza a leer con su tono de voz alto y gutural, deseo tanto que no se acabe nunca. ¡Y me sorprendo pensando cuánto se parece a mi abuelo! ¡Lo siento tan cercano a mí! ¡Cómo vivir sin él!

Mi acercamiento con él empezó precisamente a partir de ese hospital «nuestro». Escribo «nuestro», escribo «estuvimos ingresados allí», porque esto es lo que sentimos todo el tiempo, tanto él como yo.

Todo acaba de empezar

Mis miedos habían sido infundados. Después del hospital, fue el comienzo de todo: nuestros paseos en el parque, los viajes al bosque de Ben Shemen, nuestras conversaciones, nuestros silencios. Empezó la vida.

Tras salir del hospital, Rabash se sentía muy débil. Le habían inyectado tantos antibióticos que, cuando llegábamos al bosque o al parque, yo trataba de acercarlo lo más posible a un banco.

Él bajaba del auto, daba unas decenas de pasos y decía: «voy a tumbarme».

Yo rápidamente ponía debajo un colchón de espuma, y él, debilitado como un niño, se tumbaba y se quedaba dormido durante hora y media.

Y yo velaba su sueño. Fumaba cerca y leía los textos que le habían dado a Rabash para que los comprobara. Eran los artículos de Baal HaSulam, que luego formaron parte del primer volumen del libro «El Fruto de un Sabio»[21].

Cuando Rabash se levantaba, le servía té o café caliente de un termo. Se sentaba por un rato y hablábamos, pero muy poco, yo no quería cansarlo; y él empezaba sin prisas a revisar los textos.

---

21 Colección de los artículos de Baal HaSulam.

Lo escrito por su padre

De inmediato, saltaba a la vista el respeto con que Rabash trataba cada palabra de su padre, cómo sentía cada interferencia ajena, cómo detectaba al instante cualquier modificación.

Aquí han cambiado una palabra, aquí han insertado una frase, y esa no es la mano de mi padre, él no lo escribiría así. Ya entonces vi qué conexión interna e indisoluble existía entre ambos.

Lo más asombroso es que no se equivocaba ni una sola vez.

Me decía que no se debe corregir lo que ha escrito un cabalista. Incluso aunque parezca que no es lógico, que es un error gramatical, una errata, un lapsus, ¡no hay que corregirlo! No sabemos qué es correcto y qué no lo es.

Somos muy pequeños y nuestro pensamiento lógico no es tan lógico desde el punto de vista de la verdad superior. Así que es mejor no intervenir, porque cualquier modificación sería un error. El cabalista sabe exactamente lo que quiere transmitir. Todo lo escrito por él está verificado y fuera de toda duda.

Esta era la actitud de Rabash con los textos de su padre, Baal HaSulam. (Por lo tanto, en todas nuestras publicaciones, todo lo publicado por mí y mis alumnos, se ha conservado fielmente todo lo escrito por Rabash y Baal HaSulam. Ha sido una ley que hemos seguido escrupulosamente)[22].

---

22 Por ejemplo: Kitvei Baal HaSulam. Arí. Israel. 2009, כתבי רב״ש Arí. Israel. 2008.

«Tú me has rodeado por detrás y por delante»

Recuerdo que leímos en el bosque de Ben Shemen un artículo de Baal HaSulam, el que abre el libro El Fruto de un Sabio: «Tú me has rodeado por detrás y por delante».

Rabash leía lentamente, todavía estaba muy débil, pero yo veía ante mis ojos cómo las fuerzas regresaban a él.

Se enderezó, sus ojos se iluminaron; ya las primeras líneas le devolvieron a la vida: «Tú me has rodeado por detrás y por delante...». Así lo sentía él, era su plegaria constante.

«Verdaderamente "Su reino domina sobre todo", y todo retornará a su raíz porque "no hay lugar libre de Él"...». Esto vivía en él, esto determinaba todas sus acciones y pensamientos.

Por eso, en nuestro automóvil, junto con Shamati[23] siempre teníamos los Salmos de David[24]. Y cuando Rabash tomaba el libro, este se abría por sí solo en el salmo 139. Ese salmo que fue la base del artículo «Tú me has cercado por detrás y por delante».

---
23 Shamati (He Escuchado) es un libro consistente de las notas de Rabash que tomaba durante las clases de Baal HaSulam
24 Los Salmos del rey David (Tehilim) – En ellos el rey David, un gran cabalista de su tiempo, describe a todo el camino espiritual de la corrección de la naturaleza humana.

Rabash apenas miraba esas páginas estropeadas y desgastadas de tanto leer; se sabía de memoria esta plegaria del rey David. Porque también era su plegaria.

> *Oh Señor, Tú me has escudriñado y me conoces.*
> *Tú conoces mi sentarme y mi levantarme;*
> *desde lejos comprendes mis pensamientos.*
> *Tú escudriñas mi andar y mi reposo,*
> *y conoces bien todos mis caminos.*
> *Aun antes de que haya palabra en mi boca,*
> *he aquí, oh Señor, Tú ya la sabes toda.*
> *Por detrás y por delante me has rodeado,*
> *y sobre mí pusiste Tu mano.*
> *Tal conocimiento es demasiado maravilloso para mí;*
> *tan elevado es, no lo puedo alcanzar.*
> *¿Adónde me iré lejos de Tu espíritu,*
> *¿Y adónde huiré de Tu presencia?*
> *Si subo a los cielos, he aquí, allí estás Tú;*
> *si en el Seol preparo mi lecho, allí estás Tú.*
> *Si tomo las alas del alba,*
> *y si habito en lo más remoto del mar,*
> *aun allí me guiará Tu mano,*
> *y me asirá Tu diestra.*
> *Si digo: Ciertamente las tinieblas me envolverán,*
> *y la luz alrededor de mí será noche;*
> *ni aun las tinieblas son oscuras para ti,*
> *y la noche resplandece como el día.*
> *Lo mismo Te son las tinieblas que la luz.*

El horario apretado

Como con cuerdas, Rabash se ataba al Creador.

Normalmente a las dos de la madrugada, una hora antes de la clase, él salía de su casa en la calle Jazón Ish 81. Lentamente caminaba, sumergido en sus pensamientos, hasta la calle de Rabí Akiva y volvía. Él tarareaba un poco, hacía ejercicios de respiración, y pensaba, pensaba. A las dos de la madrugada era cómodo y bueno para él prepararse para la clase.

A las tres empezaba la clase. Como siempre, desde las tres hasta las seis.

Desde las seis hasta las seis y media había una plegaria. Después, durante unos cinco minutos, comentábamos qué haríamos durante el día e íbamos a descansar.

A las nueve de la mañana ya me acercaba a su casa en el auto y nos marchábamos o al mar o a un parque o a un médico o al encuentro con alguien.

A las doce y media regresábamos. Me marchaba a casa. Almorzaba y trabajaba desde la una hasta las cuatro. A las cinco en punto yo ya estaba en casa de Rebe otra vez, a esa hora comenzaban las clases de la tarde.

Desde las cinco hasta las ocho teníamos la clase de la tarde: estudiábamos los artículos de Baal HaSulam y El Estudio de las Diez Sefirot; desde las ocho hasta las ocho y media, El Zóhar; desde las ocho y media teníamos la oración de la tarde, y a las nueve menos cuarto de la noche nos íbamos a casa.

Tres veces a la semana por la noche teníamos una clase llamada «la clase de Shaúl». Estudiábamos El Árbol de la Vida del Arí. Esta clase no se cancelaba bajo ningún concepto, incluso si solamente asistía una persona: el propio Shaúl (pero generalmente éramos 6 o 7 estudiantes). A Shaúl le interesaba solo El Árbol de la Vida. Cuando llegábamos a la última página, Rabash siempre le preguntaba: «Bueno, ¿qué vamos a estudiar después, Shaúl?». Shaúl respondía: «Comencemos de nuevo desde el principio». Rabash pasaba las páginas con calma y, sin inmutarse, volvía a empezar desde el principio…

A las 20:45 terminaban todas las clases. Cinco minutos después de que Rebe subiera a su habitación, ya estaba dormido.

Tenía una gran habilidad para no perder ni un solo minuto en nada. Y sabía ahorrar fuerzas. Él podía estar agotadísimo, cerraba los ojos por tres minutos y al instante se quedaba dormido. Yo lo despertaba exactamente tres minutos después. Él se despertaba lleno de vitalidad, como si hubiera dormido durante 8 horas, y decía: «¡Qué bien he dormido!». Y luego podía enseñar otras 2 o 3 horas más.

Él nunca cambiaba su horario. El horario se modificaba solamente cuando estábamos en el hospital o nos íbamos a Tiberíades[25]. Pero eso ya era un estudio completamente diferente y otro tipo de relaciones.

Me llevó un tiempo entender por qué había que realizarlo todo con tanta precisión. ¡Sin perder un minuto! Al principio lo atribuía todo a su carácter y a su antiguo temple de Jerusalén. Luego me di cuenta de que, en todo ello, había un significado muy profundo.

---

[25] Tiberíades es una ciudad en la costa occidental del lago Kinneret en Galilea, al noreste de Israel. Kinneret: el lago de agua dulce más bajo de la Tierra

Los descensos

Así se sacaba a sí mismo de «las caídas». Las preveía de antemano y se preparaba como aquel anciano de la parábola que busca lo perdido[26].

Sabía que, antes de cada elevación, habría una caída. Sabía que nadie desde Arriba te daría la importancia de la meta sino al contrario: te despojarán por completo del espíritu de vida. Te revelarán aún más tu naturaleza, sobre la cual tendrás que elevarte, convirtiendo el cuerpo «muerto» en uno vivo.

Acerca de esto se ha dicho: «Haz todo lo que esté en tu mano». Al fin y al cabo, cuanto más grande es la persona, mayor es el peso en su corazón.

Rabash lo sabía: la rutina diaria era lo único que le ayudaba. Levantarse a la misma hora, la clase, los libros, un paseo, el trabajo que uno debe realizar a pesar de todo. Esto se había convertido en su hábito. El hábito se convirtió en su naturaleza, e incluso cuando se sentía muerto, volvía a la vida gracias a su rutina diaria.

Este «revivir» tenía lugar ante mí. Él no solía ocultármelo. Quería que supiera que esto era lo que también me esperaba a mí, que entendiera cómo llevarlo, cómo salir de tales estados.

Lo recuerdo bailando en medio de la habitación con una sonrisa forzada y cómo decía sofocado: «¡Ahora hay que celebrar!», y luego empezaba a dar saltos como los niños y cantaba «¡la-la, la-la-la!». Él sabía que tenía que salir de este estado porque en diez minutos empezaba la clase.

---

26 Talmud de Babilonia. Masejet Shabat, parte 23.

Lo recuerdo acostado de cara a la pared, eso también ocurría.

Se tumbaba como un niño, acurrucado, y se me partía el corazón al verlo así. Pero no podía ayudarlo.

Así permanecía durante cinco o diez minutos, concentrado tanto física como internamente, flotando entre el cielo y la tierra. Y cuando se levantaba unos minutos más tarde, ya era otra persona. Abría el libro y se sumergía en él ya de forma consciente.

Las caídas de un cabalista así son enormes, pero son siempre caídas antes de la elevación. Rabash lo sabía y siempre estaba listo para ellas.

«Shamati» - «Escuché»

Así que llevo a Rabash en mi automóvil; no puedo resistirme, por supuesto, y a menudo lo abrumo con preguntas.

Él me responde, y veo que no quiere que me calle, le gustan las preguntas. Le hago preguntas agudas: sobre el libre albedrío, que si el Creador es el único, entonces, por qué fui creado a partir de dos fuerzas, y así sucesivamente…

Pero una vez, cuando ya me encontraba totalmente lleno de dolor por no entender, por no sentir y por no poder vivir así, Rabash me paró. Acabábamos de llegar a casa y me dijo: «Espera, te daré algo».

Subió a su apartamento. Yo esperaba en el auto. Trajo un cuaderno desgastado y me lo entregó. En la tapa estaba escrito Shamati: Escuché. Entonces, me dijo: «Lee. Esto es lo que yo anoté».

Nada más abrir este cuaderno, lo entendí todo. Al ver la primera frase: «No hay nada más que Él», sentí cómo latía mi corazón. Leí solamente el primer párrafo y mi corazón se puso a latir todavía más. No seguí leyendo: fui volando a la tienda, hice una copia del cuaderno entero y, solo cuando entendí que ya estaba en mis manos, me tranquilicé un poco.

Llegué a casa, a Rejovot, me encerré en la habitación, no fui a trabajar y empecé a leer: «He escuchado el primer día de la semana de Itró (6 de febrero de 1944)». Lo leí y me di cuenta de que esto lo había escuchado Rabash, y había sido dicho por Baal HaSulam. Y yo tengo esas anotaciones en mis manos.

Esto solo ya me produjo un temblor interno. Y lo que sentí más adelante, cuando empecé a leer: «Está escrito: "No hay nada más que Él". Esto significa que no existe ninguna otra fuerza en el mundo capaz de oponerse al Creador». Tenía la sensación deque se me revelaban secretos ocultos durante siglos para todos, aquello que justamente yo había estado buscando toda mi vida y, he aquí, la revelación del Creador al hombre en este mundo...

Seguí leyendo: «Y la razón por la cual uno ve que en el mundo hay cosas y fuerzas que niegan Su Poder Absoluto, se debe a que el Creador así lo desea». Esto le daba la vuelta a mi mente. ¡¿Resulta que es el Creador Quien confunde al hombre!? «Y este modo de corrección se llama "la mano izquierda rechaza y la derecha acerca", es decir, el hecho de que la izquierda rechace se considera una corrección. Esto significa que en el mundo existen cosas que, desde un principio, han tenido como finalidad desviar al hombre del camino correcto, y por medio de las cuales es rechazado de la Santidad...». Todo esto fue un descubrimiento para mí, un avance hacia un nuevo estado completamente desconocido, un enfrentarme a mí mismo. Nunca había escuchado algo así de Rabash, y menos aún de Hilel. ¿Cómo pudo el Rebe ocultarlo de todos?

«No tienen la línea izquierda»

Pasé todo el día y prácticamente toda la noche leyendo; llegué a la lección matinal con ojos «desorbitados», muy emocionado.

Rabash, al instante, se dio cuenta de lo que pasaba, pero no dijo nada. Le entregué el cuaderno y confesé haberlo fotocopiado, él no dijo nada. Entendí que yo había hecho lo correcto.

Pero ¿por qué me lo había dado precisamente a mí? Pronto me quedó claro el porqué.

Unos cuantos días más tarde, íbamos a ir al mar. Yo estaba esperando a Rabash y leía Shamati.

Yo ya no podía despegarme de esas anotaciones y dedicaba cada rato libre a sumergirme en ellas. Me afectaban hasta tal punto que, mientras leía, no veía ni oía nada. Porque había sentido de inmediato que todo lo que leía estaba escrito sobre mí, yo estaba íntimamente ligado a cada palabra, a cada línea escrita.

Entonces estoy esperando a Rebe y leyendo, y no me doy cuenta de que se me acerca Hilel. Está detrás de mí, ve la letra de Rabash y se queda de piedra mientras va recorriendo las líneas escritas.

Me volví cuando oí su voz. Hilel estaba llamando a Menajem, el alumno más antiguo de Rabash, que había llegado a estudiar con Baal HaSulam, le llamó y le señaló el cuaderno que yo tenía en mis manos. Hablaron en yidis. Hilel dijo:

- ¿Habías visto estas notas?
- No, pero es la letra de Rabash –contestó Menajem.
- Exacto –replicó Hilel y me preguntó– ¿De dónde has sacado este libro?

Yo, inocentemente, dije:

- Me lo dio Rebe.
- A ver, a ver –Hilel tomó el cuaderno de mis manos y juntos comenzaron a hojearlo intercambiando comentarios rápidos en yidis.

Yo no entendía de lo que estaban hablando... pero estaban muy emocionados. A Hilel incluso le cambió la expresión de la cara, sus movimientos se volvieron más nerviosos...

Y de repente, por el rabillo del ojo, noto lo rápido que Rabash baja las escaleras. Y rápidamente viene a nosotros. De inmediato toma el cuaderno de las manos de Hilel y, sin hablar con ellos, me agarra del brazo y me lleva a la calle. En cuanto salimos, se volvió hacia mí y me preguntó bruscamente: «¡¿Por qué se lo enseñas?! ¿Quién te pidió que se lo enseñaras?».

¡Y esto lo dice de aquellos que, junto con él, habían estado estudiando con Baal HaSulam!

Y yo le contesto confuso:

- Fue Hilel quien me lo quitó. Vio la letra de usted y lo tomó.
- Recuerda que solo te lo di a ti –dijo Rabash con dureza– ¡Y eso significa que debes tenerlo contigo, esconderlo y no enseñárselo a nadie!

- No lo sabía –le digo.

Pero por dentro, me sube el orgullo, ¡cómo no me iba a subir! ¡me lo había dado solo a mí! No a ellos ¡sino a mí! Sin embargo, todavía me acuciaba la curiosidad, así que no me contengo y pregunto:

- ¿Y por qué no se les puede mostrar?
- Porque no tienen línea izquierda –contesta Rabash– Y por lo tanto, estos artículos no son para ellos.

Nuevamente me emocioné con su respuesta, porque, por lógica, entendí que esas anotaciones eran para personas como yo. Por eso Rabash me las entregó. Y esto significa que Baal HaSulam las dirigió a gente como yo... ¿Qué hay de diferente en nosotros? ¿Qué hay en mí? ¿Qué es?

¡Ellos no escucharán!

Pasaron unos meses hasta que me di cuenta de lo que significaba «ellos no tienen línea izquierda», como dijo Rabash. Entendí por qué le había enseñado estos artículos a alguien como yo, que no creía en nada, con numerosas preguntas y constantemente descontento consigo mismo y con el Creador.

De repente, se me revelaron con especial claridad (antes no lo veía) estas líneas del primer artículo «No hay nada más que Él»:

«Esto significa que no se debía a que hubiera fallado, a que no tuviera la capacidad de superar los obstáculos. En cambio, a aquellas personas que verdaderamente desean acercarse al Creador, y con el fin de que no se contenten con poco, es decir, no permanezcan como niños ignorantes, se les brinda ayuda desde Arriba, para que no puedan decir: "Gracias a Dios, tengo Torá, Mitzvot y acciones de bien; por lo tanto, ¿qué más puedo necesitar?"».

«Y solamente si uno posee un deseo sincero, recibirá ayuda desde Arriba. Y constantemente se le muestra cuán carente está en su estado presente. Esto significa que se le envían pensamientos y opiniones que se oponen al trabajo con el fin de hacerle ver que no está unido al Señor. Y en la medida en que consigue sobreponerse, siempre acaba viendo que se encuentra más lejos de la Kedushá que los demás, quienes se sienten unidos al Creador».

Lo leía y, con cada línea, con cada palabra, descubría a qué altura estaba Rabash: fue el único que anotó este «He escuchado» a partir de lo que decía Baal HaSulam. ¡Nadie más excepto él lo hacía! Qué fuerza espiritual e interior había que tener para escuchar a tu padre, sentirlo todo, recordarlo (porque Baal HaSulam no dejaba que se escribiera nada durante la lección) y, luego, salir de clase y, palabra por palabra, anotarlo en un cuaderno. A veces tenía que anotar no diez ni cien palabras, sino miles.

Y no tengo ni la más mínima duda de que realmente recordaba cada palabra.

Porque ellos eran cercanos no solo como padre e hijo, sino también como dos peldaños de una escalera espiritual: uno transmitía al otro lo que ninguno de los demás estudiantes escuchaba. Es decir, no podían escucharlo. Porque, como decía Rabash, no tenían línea izquierda, en otras palabras, no tenían dudas. Porque, a la pregunta «¿Tienes amor por el Creador o no?», ellos contestaban sin dudar: «¡Claro que sí!...».

De ellos, Rabash decía que están cien por cien en el amor hacia sí mismos pero hablan del amor al Creador. Y por lo tanto, no tienen nada que corregir. No tienen línea izquierda. Baal HaSulam no hablaba para ellos y Shamati no era para ellos. No lo escucharían.

La plegaria

«Y si no hay línea izquierda, no puede haber una verdadera plegaria –decía Rabash– La línea media no nace de la simple suma de la izquierda y la derecha. Ahí hace falta la Luz superior. Esta viene en respuesta a la plegaria».

Resulta que cada artículo en Shamati es una plegaria.

Por eso, Rabash nunca se separaba de su cuaderno azul. Siempre estaba con nosotros en todos los viajes, siempre lo tenía en su mesita de noche. Tan a menudo le veía abrirlo por donde se abriera, leer un par de líneas y quedarse inmóvil como si escuchara.

Este cuaderno formaba parte de él. Era su corazón, su alma. Era un vínculo indisoluble con su padre y, por lo tanto, con toda la cadena de grandes cabalistas.

Por eso, cuando, al final de una tarde de 1991, en el hospital, Rabash me lo entrega diciendo: «Tómalo, es para ti. Estúdialo» –entendí que se estaba acercando algo terrible.

Se despedía de este cuaderno, me lo entregaba a mí. Él se iba.

Un libro mágico

Haré un salto en el tiempo para completar la historia de Shamati. Rabash falleció, el cuaderno se quedó conmigo y el miedo se apoderó de mí: ¡¿cómo es posible que este valioso tesoro, tan importante para el mundo, permanezca en secreto?!

Las dudas me atormentaban, hasta que decidí que no podía seguir ocultando el cuaderno: ¡el mundo tenía que empezar a cambiar!

¡Rabash deseaba tanto que la sabiduría de la Cabalá fuese revelada al mundo, que la gente empezara a estudiarla siguiendo los artículos de Baal HaSulam! Por eso tomé una decisión y lo imprimí sin cambiar ni una sola letra.

Estos artículos son luz sin un Kli[27]. Son revelaciones y discernimientos hechos por Baal HaSulam, y el lector cada vez percibe estos artículos de una manera nueva, diferente.

Cada vez, a la persona le da la impresión de que este no es el artículo que había leído antes: la despierta, la cambia, le revela de repente nuevas capas en ella, y empieza a sentir y a pensar de una forma diferente tanto en su mente como en su corazón. Se transforma en otra persona. Este libro mágico atrae la Luz Superior, bajo la cual la persona cambia. El libro la cambia. Construye un alma para la revelación espiritual en la cual la persona empieza a sentir la realidad superior.

---

[27] Kli (vasija) son los deseos corregidos, apropiados para recibir la Luz, es decir, los que poseen una pantalla (el poder de resistencia al egoísmo) que transforma el egoísmo en altruismo.

Todo trata sobre mí

Y así yo, al igual que Rabash, me aferré a este libro como a una fuente de vida. Justamente así lo sentía, ¡como la fuente de la vida!

Yo anhelaba el momento en que poder volver a leerlo. Entendía que solo el libro me preparaba tanto para el sueño como para la lección matinal. Me despertaba a las dos de la madrugada, buscaba el libro sobre la mesita de noche, leía unas líneas, luego me levantaba, me aseaba, y el libro ya vivía en mí, me desasosegaba, despertaba en mí preguntas, pero también afirmaba: «No hay nada más que Él»... Y con esto me sentaba a leerlo.

Encendía un cigarrillo en la cocina, hacía café; aún faltaba una hora para la lección matinal. Era mi hora de Shamati.

Así, yo leía: «Hay tres condiciones para la plegaria:

1. Creer que Él puede salvar al hombre, aunque uno se encuentre en las peores condiciones entre todos los de su generación...
2. Todo, lo que podía hacer, lo hizo. Pero aun así, no llegó la salvación.
3. Si el Creador no lo salva, estaría mejor muerto que vivo[28].

Afuera es de noche. La casa está en silencio. Apenas se oye el tic tac del reloj. Yo estoy susurrando las líneas de Shamati y, simplemente, siento como estas líneas entran en mí: «La plegaria proviene de una sensación de pérdida en el corazón, cuanto mayor sea la sensación de falta de lo deseado, más fuerte será la plegaria. Obviamente, aquel que carece de lujos no es igual que aquel otro que ha sido sentenciado a muerte, al cual le falta solo ser ejecutado, pues ya está encadenado con cadenas de hierro y se para e implora por su vida. Ciertamente, este no descansará ni dormirá, ni se distraerá por un momento de rezar por su vida». ¡¡¡Cuánta fuerza hay en estas líneas!!! ¡¿Cuánto dolor y deseo?! ¡Cuánto deseaba que esta plegaria por la salvación se convirtiera también en mi plegaria

---

28 «Shamati» («Escuché»), el año de 2012, el artículo 209, p. 549, «Tres condiciones para una plegaria».

Recuerdo que, cuando ya me había mudado a Bnei Brak, paseando una vez por la calle, Rabash vio luz en mi ventana. Esperó a que yo saliera de casa, me tomó del brazo y preguntó: «¿Por qué te levantas tan temprano?». Le contesté: «Me preparo para la lección leyendo Shamati».

Recuerdo cómo me miró. Recuerdo cómo caminábamos en silencio por Bnei Brak de noche, cómo Rabash apretó mi mano como si hiciera un pacto conmigo. Nunca lo olvidaré, aún hoy siento esa bendición suya.

Desde este momento en adelante, se derribó una barrera más entre nosotros. Shamati nos unió.

Rabash sintió que estas anotaciones suyas eran tan importantes para mí como para él, que todo mi trabajo lo basaba en ellas, que no necesitaba otra vida, sino solo esta vida junto a él...

Y él empezó a tratarme no solo como a un estudiante sino también como a un compañero, como a un hijo. Más de una vez me dijo: «Tú y yo somos compañeros. Dos ya es mucho, somos un grupo».

Pero con el paso de los años voy descubriendo cada vez más lo que Rabash pensaba de mí...

Esto es lo que descubro de mí...

Hace unos años mi alumno Dorón Goldin y yo fuimos a la Shiva[29] de mi buen amigo Jeremy Langford. Habíamos estudiado juntos en el grupo de Rabash. Era la Shiva por la muerte de su esposa, Yael, a quien yo conocía muy bien. Ahí me encontré con Shimón Itaj, el hermano de Yael. Era, quizás, el más joven en nuestro grupo, un chico de 20 años.

He aquí que estamos sentados juntos hablando y, de repente, Itaj dice:

- ¿Sabes? Me acuerdo de una situación de la cual no te hablé nunca. Una vez discutiste con Rabash y no fuiste con él al mar.
- Sí, efectivamente, eso ocurrió en un par de ocasiones –digo yo.
- Así que fui yo en tu lugar –prosigue Itaj– Recuerdo que estábamos Rabash y yo a la orilla del mar antes de entrar al agua y le pregunté: «¿Rebe, para qué necesita a Michael? Déjelo. ¿Por qué siempre está con él?». ¿Y sabes lo que me contestó?... Contestó: «Porque Michael tiene un alma especial. Porque tiene un punto de verdad muy fuerte. Por eso, estoy tanto con él».

Me quedé en silencio sin saber qué contestar. De repente sentí como si estuviera frente a Rabash, como si él estuviera ahí, delante de mí, y yo, como siempre, queriendo captar cada palabra suya. Y comprendo que Rabash no se refería a mi alma grande –no– sino a que dentro de mí siempre había una ardiente aspiración por descubrir la Verdad, el dolor de no haberla descubierto aún. Y entendí perfectamente que todo lo que se esperaba de mí era aferrarme con mi corazón, eso es, con el corazón a este gran cabalista y agradecer al destino, al Creador, por haberme entregado este billete afortunado, esta felicidad enorme de estar junto a Rabash. Nunca me cansaré de repetirlo.

---

29 Shiva es una ceremonia de luto que dura siete días. En ella participan los familiares más cercanos del fallecido: padre, madre, hermano, hermana, hijo, hija, esposa, esposo.

Rabash y yo somos un grupo

El hecho de que yo estuviera siempre con Rabash no podía sino afectar a las relaciones con mis compañeros. No les fue fácil aceptarlo. Yo hablaba de esto con el Maestro, él tenía su propia visión de ello. Me contestaba lacónicamente: «Tú debes estar cerca».

Y llegó Pésaj, una festividad sin concesiones para él y que siempre pasaba solo: no dejaba que nadie se le acercara, y todos lo sabían.

Pero, de pronto, él me lleva consigo a un páramo para quemar la levadura[30].

(Eso sucederá también todos los años posteriores. A veces, su hijo Yejezkel se unirá a nosotros, pero lo más frecuente es que estemos nosotros dos).

El fuego está ardiendo. Me quedo petrificado a su lado. Para mí es un gran honor. ¡Con qué tensión interna Rabash realiza cada movimiento! En esta acción «sencilla» de la quema de la levadura, que para la mayoría es solamente algo externo, para él es la quema de todo su ego, de toda la vida no dirigida al Creador. Y la propia festividad de Pésaj es una separación de la tierra, una retirada a la dimensión superior, otro escalón espiritual más al cual se eleva y que llega a dominar en una feroz batalla consigo mismo.

Permanezco en silencio, temeroso de molestarle, apenas respiro. Pero me desgarra la misma pregunta. Y la hago en cuanto todo termina. No puedo contenerme: «¡¿Cuándo lo lograré en la práctica?! ¡¿Cuándo no solo quemaré un trozo de pan, sino que podré librarme de este enemigo mío, del orgullo, del amor propio, del ego?! ¡¿Cuándo?!».

---

30 Existe una costumbre de quemar la levadura que encontramos después de limpiar la casa. La «quema de la levadura» simboliza la decisión de una persona de deshacerse por completo de su egoísmo y alcanzar el Mundo Superior. El hombre «quema» sus deseos egoístas, convirtiéndolos en polvo para que no vuelvan a despertar en él.

Rabash no contesta a ese grito de mi alma. ¡Me mira casi con una sonrisa y eso despierta una tormenta de indignación en mí! Cómo puede ser... estoy casi llorando, apelo a él sinceramente desde mi corazón, y él...

Llevará un poco de tiempo que yo entienda que él, como siempre, tiene razón, que en aquel momento, él piensa en mí. Y quiere que ese grito mío se convierta en una plegaria.

Pésaj según Baal HaSulam y Rabash

Luego Rabash me invitó a comer. Y vi con mis propios ojos lo que era Pésaj según Baal HaSulam y Rabash: algo que desafiaba la lógica. Ollas, platos, vasos, cucharas, tenedores, todo era nuevo o se había usado una sola vez, y se dejaba a un lado y ya se lavaría después de Pésaj. Grifos, picadoras de carne: todos los utensilios de metal se reemplazaban. La comida era muy sencilla y limitada. Solo se usaba la sal traída del Mar Muerto y precisamente del mismo lugar de donde se la traían a Baal HaSulam. Y nada de plástico, el cual, por aquel entonces, ya era ampliamente utilizado.

En Pésaj Rabash era «intocable». Creaba alrededor de sí mismo una zona prohibida, como un campo de minas que nadie podía atravesar. Yo estaba sentado enfrente y tenía miedo de hacer un movimiento en falso. Él comía con cautela, como un pájaro, manteniendo los brazos en el aire, sin tocar apenas la comida con el tenedor. Ese era el ambiente en la habitación.

Por supuesto, había un pensamiento que no me dejaba en paz: «¿Tan importante es la parte exterior de la festividad?, ¿para qué invertir tantas fuerzas y dinero en todo esto? Y, lo más importante, ¿para qué lo necesita un cabalista que desprecia todo lo exterior?...».

Yo era joven, egoísta, todo provocaba en mí una resistencia interior. Pero, precisamente por eso, la respuesta que recibí me convenció: cuando cumples todas estas acciones, empiezas a sentir hasta qué punto van en contra de tu egoísmo. Eso sí que pude sentirlo, ¡y mucho! Y Pésaj representa la elevación por encima del egoísmo, desde ahí empieza el ascenso espiritual. Cuando en cada una de tus acciones realizas una simple operación: separas el egoísmo de ti mismo, lo arrancas con la carne.

Por enésima vez me di cuenta de que debía seguir a Rabash en todo. Al igual que él, y por encima de toda lógica terrenal, realizar constantemente esas acciones ilógicas, intentando siempre, como él, cubrirlas con la intención espiritual.

Un grano de café

Te aferras a esta decisión por un tiempo, te lavas con la idea de que, en nuestro mundo, todo son ramas de raíces espirituales pero que ya pertenecen al deseo egoísta. Por lo tanto, deben ser cortadas completamente en Pésaj... Y las «cortas» seleccionando granos de café. Comprábamos café verde, primero lo seleccionábamos, mirábamos que no hubiera ningún defecto o insectos; solo entonces lo tostábamos, lo molíamos y, solamente después, lo tomábamos. Y ahí estás, seleccionando esos granitos, examinas… y, de repente, te das cuenta de que no puedes más.

Recuerdo que durante ese proceso de selección «me derrumbé». Me apoyé sobre el respaldo de la silla mirando con odio el montón de granos aún sin seleccionar, fumando un cigarrillo tras otro y pensaba: «¡Es un locura, una locura absoluta!...». En ese momento, se acercó Rabash, se sentó frente a mí, tomó en la mano un grano, lo levantó hasta sus ojos y dijo: «Estoy aquí sentado seleccionando los granos, estos pequeños granos de café. Los examino muy concienzudamente, ¡muy!... Quiero que estén limpios y sean buenos para que mis amigos puedan tomar el café que salga de ellos» –apartó el granito y tomó otro– «Y este granito lo compruebo para mi maestro –dijo, y me miró– «A mi maestro le encanta el café. Esto lo hago para él».

Fue una dura lección, ¡muy dura! ¿Qué sentí? Vergüenza. ¡Todo ardía dentro de mí! Rabash se levantó y se marchó.

Me incliné sobre los granos de café. Las palabras de Rabash resonaban en mí, cada palabra suya.

Pero duró solamente unos minutos.

Pasó la conmoción y de nuevo fui incapaz de seguir.

Sentí unos obstáculos de otro mundo.

Si me hubieran dicho cuando acababa de llegar al país: «Selecciona café y cobrarás dinero por ello», yo habría estado de acuerdo y lo habría hecho bien, como es debido.

Sin embargo, aquí, para poder servir a un Maestro al que considero grande, ¡el más grande!... no puedo mover ni un dedo.

Y entiendo que estos ya son obstáculos de otro mundo.

¡Fue muy duro para mí!

Estar al lado de un cabalista es muy difícil.

Ser estudiante y asistente, y cuidar de él... a veces fue muy difícil. Estás a su lado en todas partes, lo ves en todas sus manifestaciones y la percepción terrenal difumina su grandeza y te parece que es una persona ordinaria, con sus propias exigencias, debilidades y costumbres como todos los demás. Y un pensamiento no te deja en paz: ¿qué le diferencia de los demás? Recuerdo cuánto esfuerzo me costó el resistir y entender que, ante mí, tengo al más grande de los cabalistas, al «último de los mohicanos», y que, como él, no habría nunca nadie más.

Rabash era increíblemente sencillo y abierto en toda su vida material.

Él no te daba ninguna posibilidad de mostrarle respeto. No jugaba a ser el Admor[31], que tenía que atraer y liderar a una gran sociedad, porque la sociedad está obligada a apreciar y respetar a estas personas, besar sus manos y llamarles grandes rabinos. Rabash odiaba eso. Él se comportaba justamente al revés.

---

31 Admor es un nombre del líder espiritual de los jasidim. La abreviatura de las palabras: Adonenu morenu verabenu, nuestro señor, maestro y mentor.

La «insignificancia» del cabalista

Él, como cabalista, sentía su propia insignificancia: «¿Quién soy yo y qué tengo?» –esto es lo que mostraba a los demás.

Él se evaluaba a sí mismo con respecto al Creador, por lo que su sensación era: «No soy nada, nada más que polvo y cenizas». Y esto lo transmitía a los que estaban a su lado.

No lo hacía adrede. Sin querer, él construía esta simplicidad exterior. Realmente se sentía así. Estando en contacto constante con la poderosa fuerza que lo dirige todo (lo llamaba «estar frente al Creador»), él revelaba perfección y eternidad. Y, en esta comparación, no podía evitar sentirse insignificante.

Cuando le pregunté sobre esto, él dijo: «Ahora imagina qué difícil fue para mí rebajarme ante mi papá, ya que se trata de un padre».

«Respecto a ti, yo de cualquier manera soy una persona ajena. Y ante una persona ajena, tú todavía puedes tratar de establecer una relación especial. Pero un padre es un padre, tú sientes que te ama y que su amor absoluto hacia su hijo le quita toda posibilidad de hacer algo. Porque puedes no hacer nada, pero él te seguirá queriendo a pesar de todo. Y por lo tanto, es como si te privara de la obligación de tratarlo de manera especial».

Él me quita fuerzas

Rabash constantemente me bajaba de sus brazos. Me «quitaba» las fuerzas para tratarlo de una forma especial. Por un lado, me acercó a él del mismo modo que el más alto atrae hacia sí al más bajo; empezó a preocuparse por mí como de un recién nacido, a criarme. Pero, por otro lado, me hacía pasar por estados que, en aquel momento, me parecían crueles. Yo no lo entendía, me rebelaba internamente contra él, y él me miraba y decía: «Entiendo que todas las desgracias en tu vida las ocasiono yo».

Como más adelante contaría la Rabanit Feiga[32], él le decía que, de antemano, ya lo sabía todo de mí, sabía que no me tranquilizaría y que llevaría la Cabalá desde nuestra sala de estudios al mundo.

Él lo deseaba. Me formaba para ello.

Por eso, me enseñaba a caminar sin dejarme usar su fuerza, su grandeza. Lo hacía mostrándome su pequeñez, despertando incluso cierto menosprecio. Y todo ello para guiarme hacia el Creador. Para que Le pidiera fuerzas a Él.

---

32 Feiga Ashlag, una médica de profesión, ha estado cuidando a la esposa paralizada de Rabash durante varios años, era su estudiante devota. Más tarde se convirtió en la segunda esposa de Rabash.

¡¿Por qué no pediste?!

Recuerdo que, una vez, Rabash y yo estábamos en el bosque de Ben Shemen; yo estaba muy enfadado por algo, ¡realmente enfadado con todo el mundo! Y empecé a soltarlo sin contenerme: que todo alrededor estaba mal, que todos eran malos, que yo no avanzaba, que todas mis fuerzas se desperdiciaban en vano…

Rabash no me interrumpió, me miraba escuchando y, cuando me detuve, de repente, me dijo: «¿Y por qué no pediste?»

Me dejó atónito. De pronto, entendí que yo estaba lleno de esa cólera, y no pedía, pero exigía que todo cambiara alrededor de mí. Todo, menos yo.

«¿Por qué no pediste? –para él era una pregunta muy natural. ¿Por qué el hombre no pide la corrección? No la de todos los que están a su alrededor, sino la de sí mismo y de su egoísmo que lo carcome. El hombre grita, se indigna… pero no pide. Y no entiende que, justamente en eso, está la solución: en que sintamos que el enemigo está en uno mismo y que solamente debemos combatirlo a él. Y, al mismo tiempo, «no hay nada más que Él», y lo único que surte efecto es apelar al Creador. Pero esta súplica debe salir del corazón, no de lo escrito, no es una plegaria que memorizamos de un libro, no: proviene de un corazón roto.

Yo vi cómo lo hacía Rabash. Él lo hacía todo el tiempo.

Rabash y Kotsk

Por eso, no tenía ninguna duda de que, cuando Rabash decía que si él hubiera nacido antes, se habría ido a Kotsk a estar con Rabí Menajem Méndel, lo decía con toda sinceridad[33].

Este grupo cabalístico habría sido idóneo para él. Por su carácter duro, por su enorme corazón, por su enorme pantalla. Él habría encajado en este grupo como en ningún otro: él, que vivía solo para la Meta, que únicamente se medía en relación a ella.

Kotsk habría sido para él un grupo cabalístico intrépido en el que se reunieron aquellos que querían «tomar al Creador por asalto». Medio muertos de hambre, en una comuna, vivían cada día como el último. Se trataban unos a otros con dureza, mostrándose deliberadamente su supuesta frivolidad, su desatención hacia lo espiritual, para tener la posibilidad de trabajar más. Ese es el tipo de gente que él buscaba: los intrépidos.

Además, con Rabash encajaba bien la afirmación de su maestro Rabí Menajem Méndel: «No hay nada más entero que un corazón roto, no hay un grito más penetrante que el silencio».

Así también quería vivir Rabash. Y así vivía.

Pero a veces llegaba un silencio...

---

[33] Kotsk (polaco. Kock) es una ciudad de Polonia, incluida en el Voivodato de Lublin. Desde 1829, en ahí se encontraba el famoso grupo cabalístico jasídico, encabezado por rabí Menajem Méndel de Kotsk.

El silencio

De repente, Rabash se desconectaba.

Yo le miraba desde un lado y no entendía cómo era posible tal «desconexión». Hacía un instante él corría, atacaba, no se hacía concesiones; y de repente, el silencio. De repente, no es nada ni nadie.

Terminaba algún período de desarrollo y se quedaba inmóvil. No quería leer ni oír, ni ver nada... Esto podía prolongarse durante horas.

Recuerdo, una vez, que llegué y veo que Rabash está sentado a horcajadas en una silla, de espaldas al sol, sin moverse. Incluso me asusté; con mucho cuidado me acerqué, él levantó los ojos hacia mí y dijo: «Bueno, toma una silla». Tomé una silla. «Siéntate» –me senté como él. «Sentémonos así un rato» –dijo él.

Seguimos sentados. Diez minutos, quince. Él está en silencio, yo estoy en silencio. «¿Y ahora qué?» –pienso para mí. Pero no hago preguntas.

Nos ayudaba el ser fumadores. Enciendes un cigarrillo: ya te sientes de otra manera, juegas con el cigarrillo, empiezas a inspirar, espirar. Así estuvimos, fumando en silencio tal vez durante una hora.

Me di cuenta de que, en estos estados, lo más importante era esperar, agazaparse.

Yo observaba cómo lo hacía Rabash. Después de todo, no estamos tratando con el cuerpo o la persona, sino con el deseo. Y este debe ser trabajado en su máxima profundidad y hasta su máxima altura. Y entonces, alcanzas el estado que se encuentra en el nivel de la materia inerte, fundiéndose con la tierra, con la piedra, estás aplastado, vacío. Estás esperando, estás agazapado... Hasta que, como un retoño de la piedra, se abre paso un nuevo deseo. Y puedes respirar de nuevo, levantarte y seguir con tu ataque al Creador.

Así fumábamos, encendiendo un cigarrillo tras otro. Luego, él extendió la mano hasta la mesita de noche, sacó su cuaderno azul, lo abrió al azar y leyó: «El hombre no tiene derecho a liberarse de este trabajo, sino que está obligado a lograr una exigencia y aspiración propia a "Lishmá"[34], que se convierta en una plegaria, porque sin la plegaria es imposible alcanzarlo».

---

34 «"Lishmá" es una intención para el Creador...». «Shamati» (Escuché), 2012, el artículo 20, página 104, «Lishmá».

Antes del avance

Ahora contaré el que fue, quizás, el acontecimiento más importante en la vida de Rabash. Yo ya llevaba con él alrededor de dos años cuando, de repente, claramente sentí que él entristeció. Nuestro grupo era pequeño: seis hombres viejos y unos pocos jóvenes... Nos consumíamos en nuestro propio jugo, necesitábamos un aflujo de sangre nueva. Pero no venía nadie.

Más de una vez él me había contado que Baal HaSulam estaba dispuesto a hablarle a las piedras con tal de que alguien le escuchara. Pasaron los años, Rabash daba continuidad a su obra ¿y qué? Los mismos seis estudiantes mayores y nosotros, un par de jóvenes. Eso es todo. ¿Así sería siempre?

No le es dada al cabalista la posibilidad de determinar con exactitud cuándo vendrán las masas a estudiar; y no los ancianos, sino los jóvenes. El cabalista indica la tendencia. Sabe con certeza que así será y que la Cabalá, sin falta, se revelará al mundo, pero ¿cuándo?... Tal vez no sea pronto, tal vez ni siquiera llegue a verlo en su vida...

Especialmente durante este período, traté de no dejarlo solo ya que sentía que me necesitaba. Me dio a entender repetidas veces: «Es importante para mí saber que estás cerca». A menudo, durante grandes reuniones, fiestas o bodas, cuando había cientos de parientes y jasídicos a su alrededor, yo lo veía que me buscaba con la mirada, me encontraba y se tranquilizaba.

Más adelante, incluso me atreví a preguntarle si era correcta mi sensación de que él quería comprobar si yo estaba ahí. Él me contestó: «Sí, para mí es importante verte –y añadió– desde el hospital, para mí es importante que tú estés cerca».

Estamos aún más cerca

Por eso, me dijo: «Múdate». Era algo que él no me había permitido antes. Yo vivía en Rejovot e iba y venía a Bnei Brak. A menudo me quedaba a dormir en la sala de estudios porque, si íbamos por la tarde a alguna boda u otro evento, volvíamos sobre las 11 de la noche, con lo que llegaría a Rejovot no antes de las 12. Y en dos horas ya tenía que levantarme para llegar a clase a las tres. No tenía sentido volver a casa y me quedaba a dormir en un banco. Así es como pasaron los años. De hecho, incluso mi mujer estaba de acuerdo, veía que me pasaba la mitad del día en la carretera, que estaba físicamente agotado, pero Rabash seguía diciendo: «Todavía no es el momento». Quería que hiciera un esfuerzo. Él mismo, durante su juventud, había trabajado arduamente en la construcción de carreteras y edificios a la vez que estudiaba por las noches. Siempre daba el máximo de sí mismo en todo. Y es lo que exigía de mí también.

Antes no lo había querido pero, en ese momento, dio su consentimiento y dijo: «Llegó la hora».

Y no solo estuvo de acuerdo sino que él mismo me encontró un apartamento en la calle Rav Ami 5, no muy lejos de su casa.

Dejé mi rentable negocio, lo cedí por completo para no tener ningún lazo, ninguna vinculación con él, vendí el ático de dos pisos en Rejovot y me mudé. Recuerdo, como si fuera ahora, esta decisión mía: no llevarme nada del pasado, nada que pudiera distraer mis pensamientos de la meta.

Quemaba los puentes porque entendía que se me había dado una oportunidad única que no podía dejar pasar: estar junto a un gran cabalista, adherirme a él, vivir su vida.

Nunca me he arrepentido de haber tomado esta decisión, ni por un segundo. Después de todo, me permitió acercarme aún más a Rabash y esto es algo a lo que no se le puede poner precio. Compré un automóvil que fuese cómodo para él: un asiento alto, un lugar donde poder poner un libro, colocar un vaso.

Él sabía que todo esto era para él... y entendía por qué lo hacía. Yo quería que, de esa fusión con él, al menos algo pudiera filtrarse en mí, gota a gota, desde su gran alma a mi alma de recién nacido. Tenía tantas ganas de aprender a otorgar como él, lo envidiaba, le pedía, le rogaba que me ayudara.

Más de una vez soñé con esta imagen: nos quedábamos él y yo, los dos juntos, en toda la naturaleza, en los mundos, conectados internamente, aislados, alejados de todos...

Pero me he desviado del tema, yo quería hablar sobre aquel acontecimiento «inesperado» que cambió por completo nuestras vidas.

Mi propuesta para Berg

Me dijeron que el rabino Berg había llegado de América y quería reunirse conmigo en su Sucá. Eran las vísperas de la festividad de Sucot.

Yo ya conocía a Berg e incluso había tomado con él unas clases antes de llegar a Rabash.

Cuando nos encontramos por primera vez, él ya estaba «en declive». Aun así, pudo el deseo de hacer de la Cabalá un negocio. Ya en la tercera lección me di cuenta de ello. Berg, de repente, empezó a mencionar «fuerzas cósmicas», qué es la mano derecha del hombre, la mano izquierda y cómo limpiarlas con la luz de la misericordia… Yo nunca había buscado la mística y tampoco podía soportarla. Tampoco soportaba las fuerzas de otro mundo. Por eso lo dejé.

A pesar de todo, Berg y yo nos separamos como amigos; él incluso fue a verme a Rejovot, donde juntos celebramos el Shabat. Entendió que mi actitud hacia la Cabalá era completamente diferente, que yo buscaba la ciencia, no misticismo en ella, y lo aceptó con respeto.

Pero resulta que me llamaron de su parte pidiéndome que fuera a verle. Consulto con Rabash si debo ir. «¿Y por qué no?» –dice Rabash. Yo le contesto: «Eso ya está muy lejos de mí ahora». Y Rabash me dice: «No está bien visto decir que no».

Es como si él sintiera que algo iba a pasar a raíz de todo eso. Y voy.

Llegué donde Berg, empezamos a hablar y, enseguida le conté, por supuesto, que estudiaba con Rabash, el primogénito de Baal HaSulam.

Según lo recuerdo ahora, yo tenía la idea de intentar a convencer a Berg; no perdí del todo la esperanza de tocar su «punto en el corazón», porque seguramente lo tenía. Pero no pude. No reaccionó en absoluto. Me dijo: «Tenemos nuestra propia metodología, nuestro propio sistema». Entonces de repente le propuse: «Pero puedes ampliar este sistema. Yo puedo contarles a tus profesores lo que he aprendido con Rabash. Por ejemplo, puedo darles unas clases sobre La Introducción a la sabiduría de la Cabalá». Eso le pareció interesante. De pronto, dijo: «¿Por qué no?»

Hoy en día, estoy seguro de que Berg entendía que esto es lo que les faltaba, quería que sus profesores sintieran qué es la auténtica Cabalá según Baal HaSulam.

Rabash se entusiasma

Cuando se lo conté a Rabash, se emocionó.

Ahí es cuando, de nuevo, vi lo que es un verdadero Discípulo de Baal HaSulam. Para ambos cualquier oportunidad de difundir la sabiduría era una celebración, un regalo supremo, una oportunidad que el «cielo» entregaba y no debía ser desaprovechada. Rabash estaba dispuesto repasar conmigo todas las lecciones, contestar a cualquier pregunta. Luego, me llamaba al centro de Berg, en medio de la conferencia, preguntando: «¿Y bien? ¿Cómo están escuchando? ¿Lo entienden? ¿Ya has estudiado con ellos Tzimtzum Bet? ¿Lo han entendido todo?».

En resumen: empecé a enseñar justo después de las festividades, por las mañanas. Mis estudiantes eran los profesores de este «Instituto de Cabalá» de Berg, unas 12 a 14 personas. A tres de ellos los había conocido antes: Jeremy Langfort, Yosi Guímpel y Shmuel Coen. Todos ellos eran chicos jóvenes de unos treinta años, llenos de fuerza y deseo. Tal como le había prometido a Berg, primero estudiamos La Introducción a la Sabiduría de la Cabalá, y luego, cuando vi que los chicos eran serios, con un anhelo por la verdad, saqué Shamati y empezamos a hablar «de corazón a corazón».

De pronto, se apasionaron. Nunca habían oído nada parecido. Al principio estaban callados, absorbiendo, luego empezaron a hacer preguntas, y todas muy serias.

Inmediatamente después de las lecciones yo volvía con Rabash y se lo contaba todo con gran detalle.

¡Qué contento estaba de que la Cabalá saliera de nuestra pequeña habitación llena de humo y llegase a la gente! No, él no iba a persuadir a nadie, no hacía planes «insidiosos», no esperaba que esos chicos de 25 a 30 años lo dejasen todo y fuesen a estudiar con él. ¡Para él era importante que escucharan, que hicieran preguntas, que intentasen entender!

Así es como sucedió...

Yo enseñaba exactamente según Rabash. Con cada lección, se les revelaba algo nuevo. Y venían más y más alumnos. Al final había unos cuarenta. Para ellos, desapareció todo lo que era superfluo, sobrante, y se les reveló la Cabalá tal como es: sin misticismo, sin hilos rojos, sin agua bendita ni fuerzas cósmicas. Descubrieron una ciencia seria, nunca habían conocido una Cabalá así. Por eso se entristecieron. Se dieron cuenta de que estaban desperdiciando sus vidas en algo equivocado.

La Carta N° 17 de Baal HaSulam los remató[35].

La carta empieza abruptamente: «...porque el camino de la verdad es una línea muy delgada a lo largo de la cual se sube hasta llegar al palacio del Rey. Y todo el que comienza a caminar al principio de la línea, debe ser especialmente cauteloso de no desviarse –ni por el grosor de un pelo– hacia la derecha o hacia la izquierda. Porque si, al comienzo, el desvío es del grosor de un pelo, aunque luego siga caminando de forma recta, ya en ningún caso llegará al palacio del Rey...»

Como eran chicos con un verdadero anhelo, se pusieron nerviosos enseguida. Entendieron la profundidad que había detrás de cada palabra.

Seguí analizando la carta. Explicaba cada línea. Vi qué atentamente me escuchaban, sin perderse una sola palabra. El final de la carta lo leí sin explicación alguna, ya no hacía falta: «Este es el asunto de "Ábreme una apertura del tamaño del ojo de una aguja, y Yo te abriré una puerta inmensa". El ojo de la aguja está destinado al trabajo. Aquel que solo aspira al conocimiento del Creador únicamente con la intención de trabajar, el Creador le abre las puertas del mundo, como está escrito: "Y toda la Tierra se llenará con la gloria del Señor"».

Terminé. Se quedaron callados, no hicieron preguntas. Me despedí y me marché. Esa misma noche vino a mi casa Jeremy Langfort, el primero de los profesores de Berg. Resultó que vino para negociar. Me preguntó si Rabash le aceptaría. Le contesté: «¿Por qué no iba a aceptarte? Estás casado, trabajas; estoy seguro de que te aceptará». Y dijo: «Entonces, me vengo con ustedes».

---

[35] La carta de Baal HaSulam desde el año de 1926, «Los Frutos de la Sabiduría. Las cartas».

La revolución

Con Jeremy empezó el traspaso gradual hacia nosotros: primero de todos los profesores de Berg y luego de otros alumnos.

Ya dije que Rabash nunca persiguió el objetivo de alejar a los alumnos de Berg –no– pero sí que quería contarles lo que realmente es la sabiduría de la Cabalá. Y él me orientaba hacia eso constantemente. Y luego, todo salió como salió. Si realmente dices la verdad, la persona que busca no dejará pasar la oportunidad, querrá descubrir la Cabalá por sí mismo. Honra y alabanza a estos chicos por ser así.

Casi cada día venía alguno de ellos. La puerta se entreabría durante la lección matinal y alguien me llamaba a la calle; ahí estaban aquellos chicos tan extraños para Bnei Brak: con pelo largo, vestidos a la moda de Tel Aviv. –«Aquí estamos» decían ellos. «¿Podemos empezar a estudiar aquí?». Yo les contestaba: «Ahora me entero».

Por supuesto, Rabash los aceptó a todos. Eran unas cuarenta personas. Fue una revolución para nuestro pequeño grupo.

El revolucionario

Pero el principal revolucionario era, por supuesto, Rabash. Estaba emocionado, entusiasmado, yo no lo había visto en ese estado en mucho tiempo. Para él, fue como un segundo nacimiento. Durante muchos años, soñó con tener discípulos jóvenes, de 25 a 30 años. Y aparecieron.

Imagínense: Rabash, hombre de 77 años que toda su vida había vivido en Bnei Brak, en una comunidad judía ortodoxa con todas sus prohibiciones y restricciones, no tuvo miedo de aceptar como discípulos a los «ateos» laicos y encima de Tel Aviv. No se fijó en nada ni en nadie. No temía «las amenazas» del entorno, no «escuchó» la categórica exigencia de sus familiares de «¡no los aceptes». ¡Los aceptó!

Y la resistencia fue enorme. ¡Enorme! Parientes, conocidos y amigos exigían categóricamente que no los aceptara. No pasaba un solo día en que no hubiera algún «benévolo» (¡claramente enviado por alguien!) pidiendo a Rabash que reconsiderase su decisión, que no aceptase a estas personas bajo ningún pretexto.

Bnei Brak no los quería. Pero Rabash no se rendía.

Era un hombre de una tremenda fuerza interior y para él, cualquiera que deseara aprender la sabiduría de la Cabalá estaba por encima de todos los demás.

Yo vi cómo «tomaba la decisión». No sopesaba las repercusiones que le traería, cómo le mirarían, qué dirían. Los jóvenes estudiantes llegaban a él, ¡eso era lo importante!

Rabash actuaba como ningún otro cabalista había actuado antes: estaba dando un gran paso adelante.

En qué tiempo vivíamos...

Vivíamos en un tiempo muy difícil para la Cabalá. Seguía sin ser aceptada. Se creían todos los rumores y mitos sobre ella. Tenían miedo de tocarla.

Algunos incluso, cuando pasaban al lado del edificio donde estudiábamos, se tapaban la cara con la mano para evitar leer accidentalmente el nombre «Arí-Ashlag».

Ni que decir, nadie, en ningún sitio y ni siquiera gratis, quiso aceptar los libros de El Zóhar con los comentarios de Baal HaSulam.

Recuerdo que yo cargaba los libros en el auto y los llevaba por todas partes. No los quería nadie. Decían: «No tenemos dónde ponerlos». Yo les contestaba: «Pero ustedes sí que tienen estanterías vacías». Y me contestaban: «Estos libros no pueden estar a la vista de todos». Y cuando me los aceptaron en un sitio, me alegré tanto como si hubiera recibido el regalo con el que había soñado toda mi vida. ¡Me fui volando a decirle a Rabash que había alguien que necesitaba El Zóhar! Pero antes de que siquiera lograra subir al automóvil, salió el señor corriendo a la calle con mi pila de libros diciendo que había cambiado de opinión, que me los llevase.

¡Así era aquel tiempo! Hoy, la Cabalá está a cada paso, con kilómetros de materiales en Internet. Pero antes, se apartaban espantados solo con oír esta palabra.

Recuerdo que, antes de llegar a Rabash entre 1977 y 1978, yo iba expresamente a Jerusalén, a la única tiendecita que estaba en un sótano en «Kikar Shabat»[36] en Jerusalén. Ahí se vendían libros de Cabalá. El viejo tendero vendía estos libros muy caro. A unos 100, 150 dólares cada uno, mientras que cualquier otro se podía comprar por 3 a 4 dólares. El Árbol de la Vida del Arí lo compré por 300 dólares. Cuando le pregunté que por qué tan caro, me contestó honestamente que nadie compraba esos libros, que tenían miedo; por eso él no podía encargar

---

36 «Kikar Shabat» – La Plaza del Sábado.

un lote de libros y los tenía que vender por unidades. Por eso, por un libro, cobraba el precio de diez.

Esta actitud hacia la Cabalá tardó mucho en cambiar.

Recuerdo que ya llevaba tres años estudiando con Rabash cuando tuve que hacer copia de una llave y pasé por la tienda del afilador en Bnei Brak. Cuando le entregué la llave al dueño de la tienda, vi cómo le cambió la cara.

Comenzó a palidecer al instante, de un salto se apartó de mí, estiró los brazos y se puso a temblar. Yo no entendía qué estaba sucediendo, pero él balbuceó: «Por favor, por favor, ¡quite de aquí esa… cosa!» y señaló el libro que yo sostenía en las manos y que automáticamente había puesto sobre el mostrador. Era El Árbol de la Vida del Arí.

Enseguida entendí la razón de su sobresalto, agarré el libro, me disculpé e incluso salí de la tienda para no inquietarlo. Lo cierto es que me hizo la llave en un santiamén.

Así eran los tiempos hace solo unos 40 años.

En una época así enseñaba Rabash, y en una época así le traje 40 estudiantes jóvenes.

Sin compromisos

Él realmente deseaba que se quedaran, ¡era su sueño! Pero no iba a hacer concesiones. Porque se trataba del trabajo espiritual de ellos.

Inmediatamente, pidió que les informara sobre el diezmo[37].

Yo me puse nervioso, intenté convencerlo diciendo: «Rebe, hablarle sobre el diezmo el segundo día a un tipo laico de Tel Aviv es lo mismo que decirle: "¡Vete!"».

Pero Rabash fue implacable y exigió que se les informara sobre el diezmo.

Él no necesitaba su dinero, sencillamente no podía imaginar cómo uno puede dedicarse a la Cabalá sin separar el diezmo. Para él, era una parte del alma que no se podía corregir. ¡¿Cómo no separarlo?!

Con cierto temblor en las piernas, les anuncié: «Chicos, esta tradición se remonta a la antigüedad. El que realmente haya venido para el desarrollo espiritual debe aceptarla». Yo esperaba de todo menos aquella serena aceptación general. Eso me demostró, una vez más, que debemos olvidar la lógica y la razón terrenal cuando se trata de lo espiritual. Ellos claramente sintieron dónde estaban y quién estaba ante ellos. Por eso, no se resistieron ni por un segundo.

---

[37] El diezmo (מַעֲשֵׂר, Maaser) –es una deducción de cosechas, ganado, etc. establecido en la Torá para las necesidades del templo y otras. En Cabalá, el diezmo representa Maljut, la décima parte del alma, que no se puede corregir, y por eso no trabajamos con ella, sino que simplemente la entregamos. Entregamos diezmos de nuestros ingresos.

Pero Rabash les preparaba más de una prueba.

Me dijo: «No puedo dar clase a solteros». Y de nuevo, ya por enésima vez, «suspendí el examen». Pensé que, sin duda, eso no iba a pasar. Que un joven de Tel Aviv quisiera perder su libertad... ¡eso no podría ocurrir!

Es evidente que, para Rabash, era una condición indispensable más para el avance del estudiante: estar fuertemente en contacto con el «suelo». Eso significaba trabajar, estar casado, tener hijos... Baal HaSulam no permitió que Rabash asistiera a las clases hasta que se casó.

Yo sabía todo esto, pero pensaba que vivíamos en otros tiempos y las almas eran diferentes: habían bajado al mundo las almas ruines. Yo estaba seguro de que rehusarían «casarse». Se lo anuncio. Ellos escuchan. Y lo aceptan.

Y, a partir de ese momento, empezamos a celebrar las bodas.

¡Una tras otra! Hubo un período en el que celebrábamos dos bodas por semana. Así los casamos a todos. Y cuando ellos, respetando las tradiciones de Bnei Brak, también adoptaron la moda de los «lugareños», entendí que habían llegado nuevos tiempos.

Las decenas

Y, verdaderamente, la vida empezó a bullir.

Ese «Jisarón»[38] joven demandaba un llenado. Los nuevos estudiantes absorbían con avidez todo lo que Rabash explicaba en las lecciones, roían los libros, y la verdadera sabiduría se revelaba ante de ellos.

Rabash los distribuyó en grupos. Recuerdo que me pidió que le leyera sus nombres, que dijera algo sobre cada uno, qué carácter tenía, cuánto tiempo llevaba estudiando. No se trataba de ninguna formalidad, cualquier decisión suya tenía un profundo significado.

Los dividió en tres grupos, las llamadas «decenas», pero con 15 o 16 personas en cada una. (A mí me asignó una decena en la cual había seis personas, esa fue su decisión). Cada decena tenía su propio jefe. Además, Rabash fue el impulsor de las reuniones de amigos de forma periódica. Todos nos preparábamos con mucho esmero para estas reuniones.

---

[38] Jisarón es una demanda que viene del corazón para llenar la carencia (ausencia) de lo deseado. La carencia de unidad, la falta del sentido de la fusión de todos los opuestos y su apoyo mutuo.

Esto vivía en él

Una mañana estábamos paseando por el parque. Y Rabash me dice:
- Tienes que hablar con ellos antes de la reunión de amigos. Cuéntales qué es una reunión de amigos, para qué sirve, por qué la celebramos, cómo organizarnos juntos.

Le digo:
- Pero yo no sé cómo organizarnos. ¿Acaso lo he estudiado? Usted y yo vamos juntos al parque, hablamos. Todavía podría decir algo sobre el trabajo espiritual personal, sobre lo que he estudiado, lo que he oído de usted, pero no tengo ni idea de cómo organizar un grupo espiritual. Me preocupa que sea una charla vacía.

Y, de pronto, se queda pensativo. Entonces, añado:
- ¡¿Y si escribiera usted algo?! Y yo hablaré sobre lo que usted haya escrito.

¡¿De dónde me llegó esta bendita idea?! ¡Ya sabemos de dónde! ¡Y qué oportunamente! Recuerdo que Rabash me miró... Estábamos justo al lado de un banco en el parque «Ganey Yeshúa»[39], aún hoy sería capaz de encontrarlo con los ojos cerrados. Así que se sentó en este banco, sacó un bolígrafo, además siempre llevaba consigo su pequeño cuadernito de medio Shékel donde apuntaba lo que había que comprar; sacó el bolígrafo, el cuadernito... lo volteaba entre los dedos: era un bloc de notas pequeño, ¿qué se podía escribir en él?

En aquel momento me di cuenta de que esto era el destino. Una oportunidad así no se podía perder. Saqué un paquete de cigarrillos, lo abrí, extraje el papel que envolvía, le dí la vuelta con el lado blanco arriba, puse debajo el libro La Puerta de las Intenciones y se lo ofrecí a Rabash.

Lo recuerdo todo minuciosamente, con todo lujo de detalles, precisamente porque son los momentos más importantes de mi vida.

---

39 El parque a lo largo del río Yarkón en la parte norte de Tel Aviv.

Y no solo de la mía. Diría que, en aquel momento, dio comienzo una nueva era.

Recuerdo que Rabash se quedó pensando solamente un momento. Y de pronto escribió: «Nos hemos reunido aquí, para establecer las bases de un grupo que una a todos los que quieran seguir el camino y el método de Baal HaSulam, que es el camino de cómo elevarse al nivel de hombre...».

Él escribía sin parar, y yo miraba por encima de su hombro y leía, leía... Y, por sí solas, surgían en mí preguntas que, luego, fogosamente debatíamos antes de la reunión de amigos: ¿Qué significa «reunirse»? ¿Qué es «el método de Baal HaSulam»? ¿Qué es «el nivel de hombre»?...

Y él seguía escribiendo: «...Por eso, nos hemos reunido aquí para sentar las bases del grupo, para que cada uno de nosotros siga el espíritu de otorgamiento al Creador».

Esta explosión se estaba preparando

Los primeros artículos de Rabash sobre el grupo nacieron sobre un papel de envolver...

Vivían en él y solo estaban esperando la ocasión para salir fuera.

Durante muchos años, Rabash había enseñado en una pequeña habitación de los suburbios de Bnei Brak, y todo ese tiempo guardó estos tesoros dentro de sí, preparaba estos artículos mentalmente pero no los había escrito hasta ese momento. Había llegado la hora de que aparecieran y sucedió que, yo, involuntariamente, me convertí en el testigo e iniciador de ello; pero si algo realmente me impactó ¡fue que eran artículos sobre el grupo!

Yo no dejaba de preguntarme ¡¿de dónde una persona que prácticamente no tenía un grupo, sacaba una sensación tan aguda de su necesidad?! ¿De dónde sacaba esta seguridad de que solo el grupo puede poner al hombre en contacto con el Creador?

¿Cómo pudo discernir en El Estudio de las Diez Sefirot entre esquemas, cálculos y mundos, tanta importancia del grupo y de los amigos?! No, eso no me lo esperaba de ninguna manera. Y Rabash insistía:

«...¿Cómo puede el hombre recibir esta cualidad nueva: el deseo de otorgar?... Después de todo, esto contradice a la naturaleza del hombre... Solo hay una salida: reunirse personas que tengan una pequeña posibilidad de salir del dominio del egoísmo, reunirse juntos en un grupo con la condición de que cada uno de ellos piense en cómo elevarse por encima de su egoísmo...»[40].

---

40 Rabash «El amor de los amigos (2)», el año de 1984.

Ahora entiendo que esta «explosión» venía preparándose, no solo durante toda su vida anterior, sino también durante todos nuestros paseos, conversaciones, aclaraciones, preguntas que él provocaba en mí, estados que yo pasaba y que compartía con él. Le preguntaba qué me ocurría, cómo debía actuar, qué actitud adoptar. Y él respondía.

A menudo, cuando vuelvo a leer estos artículos yo solo o con mis alumnos, de pronto visualizo la situación que originó este artículo o escucho nuestra conversación en el parque cuando estábamos hablando exactamente de eso.

Y ahí estoy, compartiendo con Rabash lo que había sentido en la clase o lo que había pasado en el grupo. «¿Qué hacer? ¿Qué hago?» –le pregunto.

Y él me explica. Y ahí están sus explicaciones, las veo en el artículo.

A veces, mis estudiantes me dicen: «Si hubiera existido el vídeo en aquel entonces, cuánto más enriquecidos estaríamos hoy».

No, Rabash no habría aceptado ser grabado. El vídeo no era para él. Sin embargo los artículos, los libros, era el mundo que conocía, un mundo muy familiar. Su padre había escrito toda su vida, los grandes cabalistas de todas las generaciones dejaron sus escritos, sus libros. Rabash sentía las altas raíces espirituales de lo escrito.

Quién, sino él, sabía lo que son las letras. Precisamente las letras escritas. Una combinación de vectores y fuerzas. Combinaciones de luces. Las letras resonaban en él, se unían en palabras, y él nos entregaba una información de valor incalculable en sus artículos.

Está escrito: «El Creador creó el mundo a través de las letras». Rabash creaba el mundo de la misma manera que el Creador, infundiendo en todo lo que escribía su gran deseo, el deseo de llevar el mundo al otorgamiento, al Creador.

¡Y comenzó!...

A principios de la semana siguiente, le pedí un artículo para la próxima «reunión de amigos». Yo ya me había preparado mejor: traje un paquete de papel. Y no opuso resistencia. Él deseaba escribir.

Cada semana entregaba un artículo.

Al principio, consultaba alguna cosa conmigo pero, luego, siguió su sensación interior la cual nunca fallaba. Sentía todo, a cada persona, porque él había pasado por todo, había absorbido todas las desgracias humanas, las preocupaciones, los sufrimientos. Por eso, a menudo oigo decir sobre sus artículos: «Pero... ¡si está hablando de mí! ¿Cómo lo sabe?»

¡Lo sabe!

Esto ocurrió cuando todavía estaba al comienzo de mis estudios. Íbamos por la calle y yo, afectado por alguna injusticia, empecé a hablarle sobre la maldad.

– ¡Cuánta maldad hay en el mundo!
– Ah, ¡¿y eso es maldad?! –respondió él.
– Pero, vamos a ver –digo– asesinatos, robos, violencia... el mundo está lleno de toda esta basura.

Pero él sigue andando como si tal cosa, y me suelta:
– Yo ya he pasado por todo ello.

Me paré y recuerdo que le pregunté:
– ¿Qué es por lo que ya ha pasado usted?
– He sido asesino y ladrón e incluso algo peor que eso –dice él.

Lo miro sin poder evitar escanearlo: ante mí hay un anciano de baja estatura, que pasó toda su vida en ocupaciones simples, vivió en un ambiente religioso y era inseparable de su padre, Baal HaSulam. Y de repente, me dice que ha habido de todo en su vida. Lo miras y piensas: ¿qué ha vivido? ¿Qué ha visto aparte de su mundo, prácticamente sin ir a ninguna parte, sin conocer a nadie?... Él entendió esa mirada mía pero, en aquel momento, no explicó nada.

Solamente más tarde entendería cuán primitivos eran todos mis pensamientos y comparaciones, que era yo quien no había ido a ninguna parte habiendo visitado muchos países, que era yo quien no había visto nada, que no había pasado por nada con toda mi educación superior, la biocibernética y las toneladas de literatura que había absorbido. Y sin embargo él, Rabash, había pasado por todo.

Él había revelado en sí mismo un egoísmo tal en el que sintió que era un asesino, un violador, un ladrón y de todo, de todo lo que hay en el mundo; lo bueno, lo malo, lo horroroso: todo ello está en él.

Luego me explicó en repetidas ocasiones que, en todo aquel que hace un verdadero trabajo espiritual, emerge toda la humanidad. Acepta como suyos todos los defectos, pecados y transgresiones de los demás.

– Después de todo, debes ver un alma común frente a ti –decía– y al ver los defectos del mundo, no tienes derecho a parar. Debes incluirte en la corrección. Estás obligado a sentirte un pecador, un ladrón, un asesino. «Desenterrar» un juez en ti, independientemente de tus faltas. Y de esta manera clamar al Creador: juzgar y corregirte a ti mismo. Si llegas a esto, entonces has resuelto el problema. Y así cada vez.

Todos esos pensamientos, sensaciones y descubrimientos Rabash los incluyó en sus artículos. Por lo tanto, son de un valor incalculable.

Compramos una máquina de escribir

Cuando vi que Rabash ya no se detendría, lo convencí para que compráramos una máquina de escribir. Le expliqué que su letra era ilegible y lo aceptó de inmediato.

Fuimos a Tel Aviv, a una tienda, y el propio Rabash probó todas las máquinas de escribir. Estaba entusiasmado como un niño y, cuando llegamos a casa, enseguida se sentó y empezó a escribir a máquina. Desde ese momento, nuestro horario no cambiaría nunca.

Inmediatamente después del paseo por el parque, volvíamos a casa, le preparaba café, él subía arriba a su apartamento y se ponía a escribir. Yo me quedaba abajo, ahí, en penumbra, si estaba fresco; abría un libro y esperaba.

Agudizaba la oreja hasta que, desde arriba empezaba a oírse el primer golpe uniforme de la máquina de escribir. Aun ahora puedo oírlo, mientras escribo estas líneas. A veces, lo oigo cuando leo los artículos, y para mí es la mejor de las músicas: la «música» cabalística de Rabash – «tac-tac-tac...»

Rabash tecleaba con un solo dedo, cuidadosamente tapando las erratas con «típex»[41]; para él, era todo un proceso al que se entregaba por completo. Prácticamente después de cada palabra, ponía una coma, como si transmitiera su estado diciendo que cada palabra había sido escrita por una razón, y que había que sentirla, reflexionar, tomarse el tiempo para leer. Así que, en una semana, teníamos un artículo de siete u ocho páginas.

Pasó el tiempo, y compramos una máquina de escribir eléctrica... Rabash le tomó gusto. Nunca cambió su horario. Había acumulado tanto a lo largo de los años, que no podía tomarse un descanso, tenía prisa.

---

41 Típex es una tinta blanca especial para corregir los errores en el texto.

Conocer el alma

Al cabo de un tiempo, empezamos a leer estos artículos en grupo al comienzo de la clase. Leíamos durante una hora u hora y media. Rabash escuchaba con los ojos cerrados y la cabeza echada hacia atrás.

No solo la opinión de los estudiantes era importante para él, sino también la de nuestras mujeres. Al concluir el artículo, siempre me decía: «No te olvides de repartirlo entre las mujeres». Entre mis obligaciones estaba hacer copias de los artículos y repartirlas a través de mi mujer. La siguiente pregunta de Rabash solía ser: «¿Qué han dicho? ¿Qué les parece el artículo?». Valoraba su opinión quizás incluso más que la nuestra. De modo que, una vez al mes, se escribían artículos específicos sobre cuestiones de mujeres.

Hoy, casi 40 años después, veo los cambios que los artículos de Rabash han causado en mí, en sus alumnos, en todos los que le rodeaban.

Al principio, incluso parecían estar mal escritos, de una forma incorrecta, parecía que había algunas partes inconexas, no relacionadas entre sí, que eran incoherentes... Es porque no veíamos en ellas el movimiento exacto de las fuerzas del alma, la cual se desarrolla justamente de esa manera. No conocíamos nuestra alma. Pero Rabash sí la conocía.

Y estos artículos cumplieron su función. Empezaron a suceder milagros ante mis ojos. Recuerdo que estábamos leyendo un artículo cuando, de repente, se abrió la puerta de la habitación y entró un desconocido, tomó un café, se sentó y, como si no hubiera pasado nada, se unió a la lección. Apenas pasaron diez minutos y la puerta se abrió de nuevo y entró otro desconocido que hizo lo mismo. Rabash vio mi desconcierto, se inclinó hacia mí y susurró: «Este desapareció hace diez años, y el otro hace quince...».

Así es cómo empezamos a leer los artículos y, de repente, los antiguos alumnos de Rabash comenzaron a regresar. Parecían haber escuchado la llamada y volvieron. Se comportaban de una forma tan natural, como si hubieran salido a fumar o se hubieran tomado vacaciones por un día, y no por diez o quince años.

Y todo ello porque estos artículos eran un «manuscrito» del alma humana.

¿Y qué es lo que anhela el alma? Cuidar de los demás. Y Rabash cuidaba de todos.

Cuidar de los demás

Rabash me decía: «Si quieres salir de la oscuridad, empieza a cuidar de los demás». Esa era su plegaria.

Pude verlo durante la primera guerra del Líbano, en 1982. Rabash, en aquel momento, encendía la radio cada hora. Escuchaba las noticias en el auto, en casa, incluso durante la lección. No le interesaban los comentarios sino solo lo que estaba sucediendo.

Pero durante la guerra del Líbano, no soltaba la radio de las manos.

En aquel entonces, venía gente de fuera a la clase, y para ellos era muy raro: ¡¿Cómo es que dejas de hablar de lo que está escrito en la Torá, dejas de estudiar cosas tan elevadas, para escuchar las noticias?!

Recuerdo que hasta se indignó uno de los Jaredim (ultrarreligiosos); le preguntó a Rabash: «¿Cómo puede ser? No tenemos costumbre de escuchar la radio en absoluto, ¡y usted aquí incluso interrumpe la clase para escucharla!».

Rabash le contestó: «¡¿Y si tuvieras allí a tus hijos, te importaría lo que esté pasando ahí o no?! ¡Seguro de que tu corazón estaría allí! ¡Por supuesto! Y también encenderías la radio y escucharías, porque sentirías que tu destino depende de ello. Tenemos allí a todo nuestro ejército, y todos ellos son mis hijos, y sufro y me preocupo por ellos».

Fue toda una lección para mí: entender cómo el cabalista desarrolla dentro de sí un sentimiento especial por la gente, cómo sufre y procura estar con el pueblo en todas las penurias, dificultades y problemas que le acontecen al país[42].

---

[42] Baal HaSulam escribe en los artículos «La garantía mutua» y «La entrega de la Torá» que cuanto más se desarrolla una persona, más se preocupa no por sí mismo, sino por su familia, luego por sus parientes, luego por la sociedad en la cual vive, por su país, por el mundo entero. Esto proviene de la conciencia interna de que somos un organismo único. (del blog de Michael Laitman)

Inesperadamente El Zóhar

Septiembre del año 1983. Recuerdo que es de noche, tengo prisa y voy caminando por la calle en Bnei Brak cuando, de pronto, veo un anuncio en la pared: «Ha muerto Ashlag». Me quedo helado, se me doblan las piernas: ¿qué Ashlag? Me acerco corriendo y leo: Shlomo. Me doy cuenta de que ha fallecido el hermano menor de Rabash, Shlomo Benyamin Ashlag.

Me apresuro a casa de Rabash. Él está sentado en la mesa de su casa, y le pregunto desde el umbral: «¿Qué hacemos?». Esperaba que me dijera: «Nos marchamos a hacer la Shiva»[43].

Pero me dice: «No vamos a ningún sitio. Tú y yo nos quedamos aquí. Vamos a estudiar».

Así empezaron estos siete días irrepetibles que, indudablemente, «estremecieron al mundo».

Durante siete días estuvimos solos, nadie vino a ver a Rabash y no fuimos a ningún lado. Me reveló lo que nunca habíamos estudiado en el grupo: La Introducción al Libro de El Zóhar, escrita por Rashbi. También lo llaman la corona (Kéter[44]) de El Libro de El Zóhar.

---

[43] Shiva es una ceremonia de luto que dura siete días. En ella participan los familiares más cercanos del fallecido: padre, madre, hermano, hermana, hijo, hija, esposa, esposo.
[44] Kéter (en hebreo כתר «la corona»), según la Cabalá, es la primera de las diez Sefirot.

Rabash dijo: «Quienquiera que abra este libro, se le abrirá todo El Zóhar». Fue él mismo quien decidió que íbamos a estudiar justamente esta introducción, abrió el libro de inmediato, y empezó a leer y explicar.

¡Fueron siete días en los que yo no cabía en mí de la emoción! No es que Rabash explicara más, no. Él no cambiaba su método; como siempre hacía hincapié en que uno mismo debe intentar mantener la intención, precisamente porque El Zóhar es una «Segulá»[45]... Pero en esos días, creó tal ambiente que yo temía perderme una sola palabra.

---

45 Segulá es una herramienta especial, las obras de los cabalistas, gracias a las cuales es posible unir a una persona, un grupo y el Creador en un todo. Su unidad se realiza solo si el sistema en

Es difícil de expresar en un libro. La forma en que yo estaba ahí con la boca abierta, sintiendo cómo iba madurando. Había un fruto verde, que no era apto para nada y, de repente, empiezan a fertilizar la tierra, llueve, el sol va calentando y entiendes que estás madurando, que algo entra en ti, todavía no puedes entender qué es, pero estás dispuesto a no dormir, a no comer, a entregarte a este camino natural en el que te ha colocado El Zóhar, Rabash...

«En esa sala se esconden inmensos tesoros, uno encima de otro. Hay una puerta bien cerrada en esa sala para bloquear la entrada de luz. Y hay 50 de ellas...».

Y Rabash explicaba: «Las puertas se refieren a la vasija: el deseo de recibir la luz».

«Hay una cerradura en esa puerta y un cuello de botella para ponerle una llave».

Ver una cerradura en las puertas, es entender que solamente se puede recibir la luz otorgando. Y cuando intentas hacerlo, te das cuenta de que es un lugar estrecho, que no es fácil acercarse a esta cerradura, a esta entrada a lo espiritual; no es fácil, su tamaño es como el ojo de una aguja. Hay que acercarse, no fallar, no desviarse, introducir en ella la llave –nuestra intención– y abrir la cerradura, cumplir el precepto: darle contento al Creador.

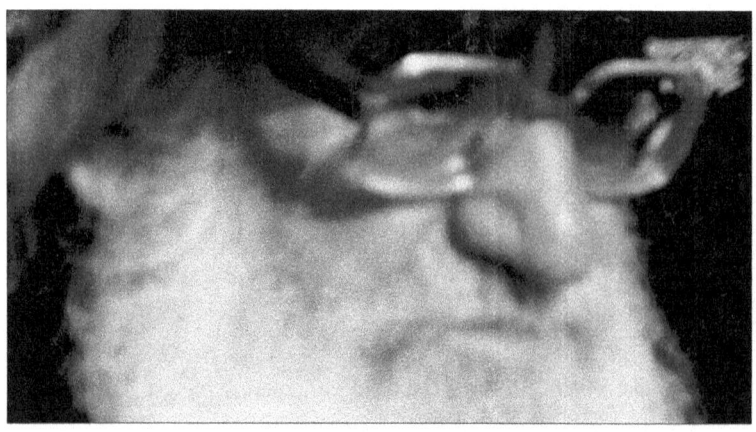

el que se encuentran se utiliza correctamente. (Del blog de Michael Laitman)

Hubo un tiempo en que Rabash anotaba todo lo que decía Baal HaSulam, y de esas anotaciones salió el libro Shamati.

Durante estos siete días intenté anotar lo que decía Rabash, y eso es lo que dio lugar a mi octavo libro, «El Zóhar». Ahí no hay nada mío. Procuré por todos los medios no añadir nada de mí mismo. Lo que hay en él son tanto Rashbi como Rabash.

Así pasamos juntos esos siete días inolvidables. Y cuando terminaron, Rabash me dijo: «Ahora necesito estar a solas».

Y se marchó a Tiberíades.

Los retiros de Rabash

Los viajes a Tiberíades los hacía solo, no dejaba que nadie más lo acompañara, quería estar solo.

Una vez al mes se marchaba por dos días. En Tiberíades, vivía en una pequeña casa que era de Drori, su antiguo discípulo.

Llegaba un momento en que tenía que abandonar su hábitat permanente –dejar a su familia, hijos, esposa, estudiantes– para quedarse a solas consigo mismo.

En el pasado, fue una costumbre generalizada entre los cabalistas y se llamaba «ir al exilio». El hombre salía de casa, no se llevaba nada, se iba por un año o dos. Se ganaba la vida como podía, se alojaba donde fuese, solamente se aferraba al Creador, porque no había nadie más a quien aferrarse.

Rabash no podía permitirse un año o dos, sino solo unos pocos días.

Cuando volvía, yo lo iba a buscar a la estación de autobús, le llevaba la maleta y, a decir verdad, soñaba con que algún día me llevara con él.

Pero no me atrevía a proponérselo, entendía lo importante que es aislarse para un cabalista de este nivel.

Una vez, pude convencerme de ello personalmente.

Él no me reconoció

En una ocasión que Rabash se había marchado a Tiberíades, todo nuestro grupo decidió repentinamente: «Iremos a verlo». Era un jueves, justo el día de la reunión de amigos; se suponía que él debía regresar el viernes. Y decidimos pasar ese día con el Maestro, preparar una comida, pensábamos que lo complaceríamos.

Llegamos. Nos acercamos a la verja de la casita donde se alojaba Rabash y, de repente, nos detuvimos. Comprendimos que no sabíamos cómo entrar, no entendíamos por qué habíamos llegado, ni cómo había surgido esta idea. Al fin y al cabo, nadie nos había invitado. Nos quedamos de pie junto a la verja, callados sin saber qué hacer. De pronto, alguien dijo: «Que vaya Michael». Todos me miraron.

Recuerdo cómo entré en ese jardín lleno de vegetación, cómo recorrí el sendero hacia la casa con un constante desasosiego en mí, sintiendo que habíamos llegado a destiempo, que él no nos había llamado, y preguntándome ¿por qué voy? ¡¿Por qué acepté?!...

Así llegué a la puerta de la casa, en ella había una gran mosquitera que cubría toda la puerta; lo recuerdo todo minuciosamente. Miré a través de la mosquitera y, en un primer momento, no vi nada; luego, de repente, divisé a un hombre sentado en la cama. Tardé en entender que se trataba de Rabash.

Él estaba sentado, quieto, vestido con un pantalón y una camiseta interior, mirando delante de sí. Durante un buen rato, no me atreví a romper el silencio, pero la idea de estarlo espiando tampoco me agradaba. Por eso, en voz baja dije: «Hola, Rebe».

Él no respondió. Yo lo llamé más alto: «¿Rebe?»

Lentamente giró la cabeza en mi dirección y, de repente... ¡me di cuenta de que no me veía!

Rabash miraba a través de mí como si yo fuese transparente. Recuerdo cómo latía mi corazón, no sabía qué hacer en una situación así.

De manera súbita, bajó la mirada al suelo. Esto duró unos dos minutos, no más. Luego, lentamente subió la mirada y preguntó: «¿Y quién te ha llamado aquí?».

Lo dijo en voz baja, en un tono como si estuviera hablando con un desconocido, con un intruso. Y nuevamente pensé que debía dar la vuelta de inmediato y marcharme. Y llevarme a los demás... Sin embargo, respondí: «Rebe, hemos venido todos juntos. El grupo entero. Hemos pensado...».

«¿Y quién les ha llamado?» –me interrumpió él. Dijo esto y otra vez desvió la mirada hacia otro lado. Otra vez volvió al estado en que lo encontré.

No dije ni una palabra más, tenía miedo de romper el silencio. Bajé los peldaños cuidadosamente, encendí un cigarrillo. Se acercaron los chicos, lo entendieron todo al instante, ni siquiera tuve que explicarles nada. Nos quedamos sentados, fumando sin saber qué hacer.

La solución

Cuando no había interferencias externas y no había que «representar» nada delante de nadie, Rabash podía entrar en tal estado interno en el que, prácticamente, no sentía el cuerpo, no le molestaba; se sumergía en sí mismo. Apenas oía lo que pasaba a su alrededor, lo experimentaba todo dentro. No era meditación –no existe tal cosa en Cabalá–, era una profundización espiritual. Pude atisbar ese estado suyo aquella vez en Tiberíades.

Había pasado media hora o tal vez más. No sabíamos qué hacer. Por un lado entendíamos que no debíamos haber venido sin comunicárselo, por otro lado, yo sentía que no podía dejarlo en ese estado, que había que esperar.

Y entonces salió Rebe. Ya era otro, con otra mirada, «revivida», sus ojos nos examinaron con curiosidad cuando preguntó: «Y bien, ¿qué es lo que hacen aquí?». Empezamos a explicarle que no queríamos molestarlo, que decidimos hacer nuestra reunión de amigos en Tiberíades y, de paso, visitarlo. Pensamos que cómo podía ser que estuviéramos en Tiberíades y no visitarlo.

Todos miramos a Rabash. Hubo una larga pausa, nos miró otra vez... y dijo: «Hagamos una comida».

De inmediato, todos se sintieron aliviados, todos se alegraron y empezaron a sonreír. Aarón Brizel, un especialista en comidas, envió a alguien al mercado, mientras que otro ya hervía el agua, otro cortaba las verduras, y todos teníamos una sensación de celebración.

Sobre las comidas

Sobre las comidas con Rabash, habría que decir algo aparte.

Para él, no se trataba simplemente de comer o de estar con los amigos, sino que eran un elevado proceso espiritual. Y nos inculcó esa actitud.

Nuestras comidas se llevaban a cabo en absoluto silencio. No se podía hablar. Cada uno tenía que estar concentrado en su interior y hablar consigo mismo.

Reinaba tal tensión en el aire que uno se veía obligado a acompañar con intención cada miga que se metía en la boca. Si, después de la comida, uno hubiera querido recordar qué fue lo que comió, le sería difícil contestar a esta pregunta. La comida, por así decirlo, no tenía sabor, porque no era de la comida de donde provenía el sabor, sino del estado en sí.

Una comida así organizamos en Tiberíades en aquella ocasión. Aun hoy, todo el mundo la recuerda por su especial fuerza interior, que provenía de Rebe.

¡Juntos!

Pasaron unos meses y, ya no recuerdo en qué circunstancias, pero Rabash y yo hablamos de Tiberíades.

Y de pronto, me dice: «A partir de ahora, iremos juntos».

Me quedé desconcertado, me puse nervioso: no había nada que yo deseara más. Recuerdo que no dormí la noche anterior al viaje preguntándome cómo sería, qué debía hacer para no decepcionar a Rebe, qué preparar...

Bueno, mi esposa se encargó de la cocina. Ella le tomó cariño a Rabash en cuanto lo vio. Su padre fue represaliado en tiempos de Stalin. De modo que, cuando apareció Rabash, ella le transfirió todo el calor de su corazón destinado a su padre.

Ella lo expresaba sobre todo en la preparación de comidas. Rabash solía decir que prefería la comida hecha por Olia antes que cualquier otra. Porque ponía todo el corazón en ello. Sobre todo le gustaba la sopa que Olia preparaba según su receta. Contenía unos trozos de carne de vaca, un muslo de pollo, patata, fideos y tenía que ser tan espesa que la cuchara se quedara ergida en ella. Yo se la traía a Rabash aún caliente pues vivíamos cerca. Rabash la probaba, cerraba los ojos, hacía una pausa, chasqueaba la lengua y decía: «¡Qué buena!». Luego se sentaba a escribir una nota para Olia. Ella tiene muchas notas suyas donde él le agradece. Y, acerca de cada plato, hacía una observación: «Aquí, añade un poco de sal –escribía– y esto, sazónalo con pimienta, y este plato es perfecto».

Rabash tenía una cualidad asombrosa: no le negaba la atención a nadie, se fijaba en cada uno y especialmente sentía a aquellos que emanaban calidez. Eran para él como ángeles que traían alegría. Y mi esposa Olia se convirtió para él en ese ángel.

Trepidación

Estaba muy preocupado antes de salir de viaje, tenía miedo de olvidar algo, como si fuéramos a una isla desierta y hubiera que preverlo todo. Tomé sábanas, libros, café, todo tipo de comida, sabía que le gustaba el arenque simple, el pan de centeno, un cierto tipo de queso... Olia preparó pollo frito, albóndigas, cortó la verdura.

Cuando, por fin, subimos al auto, recuerdo que le pregunté a Rabash por qué siento tanta trepidación antes del viaje.

Él contestó que era bueno, que, no en vano, el primer mandamiento era la trepidación. Que él sintió la misma emoción ante su padre, que esto era propio de la trepidación espiritual: porque no me preocupaba por mí mismo, sino por si podría realmente elevarme por encima de mi naturaleza, anularme, ver si podía ayudar a mi maestro... «¿Es así?» –me preguntó y al instante contestó él mismo: «No importa que todo sea diferente en nuestro mundo. Debemos tratar de vivir siempre para los demás. Es una emoción buena. Eso es lo que atrae luz».

Yo todo el tiempo intentaba sacar un cuaderno o la grabadora que llevaba siempre conmigo, pero Rabash era muy estricto en estos viajes. ¡Nada de apuntes, ni grabadoras!

Hotel para dos

En Tiberíades, nos alojamos un par de veces en el decrépito hotel de Yitzhak Keller, un estudiante de Rebe. Éramos los únicos hospedados allí.

Por los pasillos desiertos corría el viento, olía a especias y polvo. Y en el silencio de la noche, sonaba la voz de pecho de Rebe, se extendía por el pasillo resonante y salía por la ventana abierta, hacia la noche.

Yo estaba sentado frente a Rebe, como un niño pequeño junto a su padre. No tenía necesidad de fingir, él lo sabía todo de mí, qué me movía: qué pensamientos, impulsos, deseos. A veces, le insistía para que contara algo sobre mí, y él me descubría tales cualidades de mi carácter que yo ni siquiera era capaz de admitir que las tenía –quién era yo realmente. En todo caso, yo no hubiera podido reconocer en mí esas cualidades, no hubiera podido llegar a la misma conclusión que él.

Fuimos a este hotel durante varias semanas, pero luego Drori nos propuso que nos quedáramos en su casa. Esa casita, ciertamente, entró en mi corazón para siempre. Allí, donde ocurrían milagros, donde se elevaban las plegarias que cambiaban el mundo. Allí vi al auténtico Rabash, repleto de un único sueño del Creador, entregado a una gran meta: revelar el Creador al mundo.

Lo dicho permanece

A veces, lamento no haber podido grabar nuestras conversaciones en Tiberíades: fueron únicas. Pero, al mismo tiempo, me di cuenta de la diferencia entre lo que él decía con grabadora y lo que decía sin ella. Cómo se limitaba a sí mismo en el primer caso y cuán libre se sentía en el segundo.

Baal HaSulam era igual: no permitía que se apuntara lo que decía. Rabash tenía que salir, recordar todo lo que su padre había dicho en la clase para que, luego, a partir de ello, surgieran las grandes anotaciones de Shamati –He escuchado. Las anotaciones eran perfectas y precisas porque la anulación de Rabash ante su padre fue total, lo que significa que todo fue apuntado palabra por palabra.

Por un lado, Rabash anotaba lo que decía su padre, pero por otro lado, él sabía que, todo aquello que se dijo una vez, no desaparece, que toda la información espiritual permanece. Más de una vez dijo algo inusual, muy elevado, «no de este mundo», sin aclarar lo dicho.

Una vez vino a Tiberíades un estudiante de Rabash, mi amigo Aarón Brizel, y Rabash, durante varios minutos, dijo unas palabras que no lográbamos conectar juntas. Brizel incluso, dado que no entendía nada, saltó y le preguntó: «¿Qué ha dicho usted, Rebe?». Y Rabash contestó: «No es para ti, es para que quede en el mundo».

Él entendía que ninguna información superior desaparece, sino que espera la hora en que vengan aquellos para los que fue articulada. Y ella abrirá sus corazones. Y escucharemos a Rabash y a todos los grandes cabalistas que reunieron para nosotros un tesoro de pensamientos y entendimientos; y para ello, no necesitaremos ningún medio técnico, sino solamente el deseo de escuchar.

La eternidad en Tiberíades

Así que nos mudamos a la vieja casita de una sola planta de Drori.

Los accesos a la casa estaban cubiertos de hierba y nos abríamos paso a lo largo del sendero que llevaba a la entrada. Había dos cuartos. En uno dormía Rabash, en el otro yo.

Todo era muy sencillo, no sobraba nada, pero no cambiaría el apartamento más caro por estas dos habitaciones y la eternidad que sentí ahí.

Llegábamos, nos instalábamos y yo empezaba a preparar la comida. Comíamos ahí mismo e íbamos a las aguas termales de Jamey Tveria[46]. Rabash se metía en una bañera enorme y se quedaba allí media hora, se ponía debajo del agua caliente; le encantaba el calor, se calentaba durante unos cuarenta minutos. Yo apenas aguantaba 20 minutos. Después, se tumbaba en un banco. Yo lo envolvía bien por todos lados con una sábana y una manta…

---

46 Las fuentes termales (baños) «Jamey Tveria» se encuentran en la orilla del lago Kinneret cerca de la ciudad de Tiberíades.

Le encantaba sudar para que «todo saliera de él». Y bebía mucho. Bebía y sudaba, bebía y sudaba. Instintivamente, podía sentir lo que era bueno para él y lo que no. No era algo forzado, sino muy natural, como si hablara con la naturaleza y, todo lo que contribuyese a la armonía, lo aceptaba. Así era, por ejemplo, con la limpieza del cuerpo, cuando toda la suciedad salía a través de los poros. Y si para nosotros lo natural era usar el jabón, él no lo usaba nunca: actuaba siguiendo la naturaleza, se lavaba solo con agua.

No voy a describir todo lo que ocurría luego, cómo viajábamos a casa, lo que comíamos, lo recuerdo todo con detalle, pero una cosa es importante, todo lo hizo con un único objetivo: poner todas sus fuerzas en la enseñanza.

Y este descanso en Jamey Tveria, y el sueño, y la comida –¡él nunca comía en exceso!–, todo existía para que no pudiera extraviarse ni un solo minuto de las 8 a las 10 horas de estudio.

De hecho, trataba con dureza el cuerpo. Yo lo observaba atentamente todo el tiempo. Mis cuentas con el cuerpo eran distintas.

Que sufra

Yo solía tener problemas de piel varias veces al año. Hasta tal punto que, a veces, no podía ni levantarme de la cama. Mi amigo Yarón, el carpintero, me construyó un aro especial que se alzaba por encima de mí y sobre el cual se colocaba una manta para que no me rozara cuerpo. Ahí, me tumbaba terriblemente atormentado, el cuerpo dejaba de respirar, la piel se desprendía a tiras, simplemente la agarraba y me la quitaba. Todo estaba cubierto de abscesos, la linfa rezumaba por todos los poros: en resumen, mudaba toda mi piel...

Una vez, durante uno de estos períodos, íbamos caminando con Rabash por el parque. Pude salir de la cama, por supuesto sufría por el contacto con la ropa, pero me levanté porque no podía dejar de ir.

Afortunadamente, era invierno, soplaba un viento invernal frío y penetrante; yo iba desabrochado, exponiéndome totalmente al viento. Deseaba que fuese aún más frío, que quemara aún más... Caminaba con los ojos cerrados, abriéndolos a ratos comprobando dónde estaba Rabash. De repente, vi que él se había parado y estaba mirándome.

Y, superando un enorme dolor –apenas podía abrir la boca, como si estuviera cubierto de alquitrán– le pregunté a Rabash: «¡¿Qué va a pasar, Rebe?! ¡¿Qué va a pasar?!».

Entonces, él se me acercó, me agarró de la mano y dijo con mucho dolor: «¡Déjalo que sufra! ¡Déjalo!». Se refería al cuerpo. Se señaló a sí mismo con el dedo, como si se estuviera dando un pellizco doloroso. Él tenía en ese momento unos ojos que ardían casi con alegría: «Michael, ¡no te imaginas cuánto ganas con esto!...»

El amo de su cuerpo

Él vivía así. Desde niño fue educado para tratar al cuerpo como si fuera algo ajeno. Por eso señalaba al cuerpo y decía: «¡Déjalo que sufra!» ¡El cuerpo! Siempre que hablaba del cuerpo, se refería al egoísmo. Él disfrutaba pisoteando ese ego suyo.

No se trataba de ningún masoquismo porque, al mismo tiempo, estaba fusionado con la cualidad de otorgamiento. El cuerpo era para él como un apéndice del alma, completamente separado de ella. Él era el amo del cuerpo y del alma, los controlaba a ambos: el egoísmo del cuerpo y la elevada meta del alma, los dirigía como dos líneas construyendo una tercera en la intersección de ambas. Y en ello, se veía a sí mismo.

Así es como debe vivir el hombre que se da cuenta de una realidad más elevada. El hombre que está en un constante ataque. Él era así. Atacaba todo el tiempo. Y todo esto sucedió ante mis ojos, en Tiberíades.

Los ataques al mundo

En Tiberíades, estudiábamos entre ocho y diez horas.

Eran ocho o diez horas de plegaria. Estudiábamos la parte 16 de El Estudio de las Diez Sefirot, La Puerta de las Intenciones, las cartas de Baal HaSulam y, por supuesto, los artículos de Shamati.

Era algo que apenas se había estudiado con todos los demás en las clases. Solamente durante los últimos años Rabash decidió estudiarlo con el grupo. Además, leíamos El Manuscrito Secreto, el cual los cabalistas habían escrito muy secretamente, solo para sí mismos o para los que lo entendían. De esto, por el momento, no puedo hablar.

Rabash tomó estos textos y me los explicó. Escogía precisamente aquellas partes que eran cercanas al alma, las raíces más próximas a nosotros. Las sentía. Para él era importante no solo que yo lo oyera, sino que lo escuchara. Él me limpiaba con estos textos.

Aislados del mundo entero, sin teléfonos ni conversaciones ajenas, nos sentábamos el uno frente al otro, y trataba de no perderme ni una palabra.

Acostumbraba a hablar agitando la cabeza, cerrando los ojos… y de repente, se quedaba inmóvil, en silencio durante un buen rato. ¿Qué oía? ¿En qué pensaba? A veces me parecía que hablaba con Baal HaSulam, que lo escuchaba. Y así fue seguramente.

Por la tarde salíamos a caminar. Íbamos lentamente, él solía tenerme del brazo y así caminábamos. Bajábamos al lago pasando por los escaparates, cafés, restaurantes, a veces hablábamos, a veces íbamos en silencio; él pensativo, yo fumaba, siempre me sentía con miedo de molestarlo.

Cuando volvíamos, yo preparaba la cama, le ponía agua sobre la mesa y lo acostaba. Antes de dormirse, sin falta, él tenía que leer un poco de Shamati; leía, apagaba la luz, y al instante se quedaba dormido.

Para comenzar un nuevo ataque por la mañana.

Podríamos haber asaltado...

Pero una vez, el grupo también, tuvo la posibilidad de atacar. Fue en Sucot[47].

Nosotros, el grupo entero, lo dimos todo durante la preparación de la festividad. Construimos una Sucá siguiendo las estrictas reglas de Rabash. Él lo comprobó todo minuciosamente, revisó cada juntura y quedó satisfecho. Todo estaba hecho de madera sin un solo clavo de hierro, con un techo[48] especialmente compacto que se elevaba por encima de las paredes de la Sucá, casi sin dejar pasar la luz.

---

47 Sucot es una festividad que simboliza una de las etapas del camino hacia la corrección espiritual, el estado. La preparación para la festividad de Sucot comienza con la construcción de una Sucá, una cabaña especial, cuyo elemento principal es el techo. El techo representa el «Masaj», la pantalla, un poder especial que una persona recibe para superar sus cualidades egoístas innatas.

48 Construir una Sucá y cubrirla con el techo no es solo construirla externamente, sino también internamente. Esto significa elevar los valores espirituales por encima de los egoístas y convertirlos en los más importantes de la vida. No podemos construir una Sucá solos. Necesitamos la ayuda de compañeros y del entorno. Por lo tanto, en el camino hacia la espiritualidad una persona debe construir dicho entorno.

Apenas nos podíamos sostener en pie del cansancio, pero reinaba un ambiente de celebración, un entusiasmo que no habíamos tenido antes.

Durante esta festividad, Rabash dio unas explicaciones especiales en clase, tal vez porque podíamos percibir más. Estaba más emocional que nunca, no escatimaba en explicaciones, nos aproximaba al ataque.

– Ahora salimos de casa –decía Rabash– y cerramos la puerta al egoísmo. Ya no volveremos allí.

Lo escuchábamos conteniendo la respiración, le seguíamos…

– Esta es la primera corrección, la reducción de tu egoísmo, sin ello, no hay avance. Pasamos a la Sucá, estamos listos para vivir todo el tiempo en una morada temporal, en constantes cambios, cuidando de la pantalla. Aquí, encima de nosotros, está nuestra pantalla común, ¡todos estamos debajo de ella! ¡Entonces será una verdadera fiesta! Elevarse por encima de tus deseos, llegar a ser igual al otorgamiento, al Creador, vivir como si surcases el aire.

Estábamos emocionados, vivíamos con la expectativa de que algo iba a suceder… Algo hacia lo cual nos habíamos estado encaminando toda la vida…

Pero pasaban días… nos dimos cuenta de que algo no funcionaba…

En el quinto día de Sucot, todavía recuerdo que eran alrededor de las 11 de la mañana, caminábamos por la orilla del mar, no aguantaba más y pregunté a Rabash:

–¡¿Qué es lo que nos falta?! ¿Qué es? Si todos lo desean tanto, están en tanta tensión, llevamos toda la semana juntos, no salimos de la Sucá y ¡qué clases nos está dando usted! ¡¿Qué nos hace falta para el asalto?!

Y él sintió que esta pregunta no era solo mía sino de todos nosotros, y contestó:

– ¡Falta el ataque! ¡Ataque! Si nos unimos, saldremos.

Y dio un paso adelante.

Y por la tarde dio una clase inolvidable. Sobre el asunto que, solo a través de la unión, el pueblo salió de Egipto. Solo uniéndose pudieron clamar al Creador. Y solo unidos cruzaron el Mar Rojo, se precipitaron hacia lo desconocido. Y solo una vez unidos, llegaron a convertirse en un pueblo a los pies del Monte Sinaí, tras aceptar la condición del Creador: o se unen, o este lugar será su tumba.

- Acepten estas condiciones –dijo Rabash– y podrán nacer en un mundo nuevo.

...Entonces no supimos aceptar esas condiciones, no supimos. Y esto se me quedó marcado en el corazón como una herida incurable.

Mi descubrimiento

Han pasado muchos años desde aquella inolvidable Sucot y desde nuestros viajes a Tiberíades, y hoy entiendo muy claramente que cada pregunta que hice no venía de mí, sino de él, cada línea que él leyó, no la leyó para mí, cada explicación suya no estaba destinada a mí.

Ocurría sobre todo en Tiberíades esa especie de «transfusión de la sangre».Cuando él me daba fuerzas para que no sucumbiera ante la influencia de nadie, para que me quedara con él hasta el final. Para que, aun después de su partida, yo permaneciera con él.

Él pulía en mí su método, tan necesario como el aire para la «última generación»[49]. Esta generación ya ha llegado. Ella todavía no ha entendido que es «la última», pero Rabash lo sabía y tenía prisa. Él completó toda esta cadena: desde Abraham, a través de todas las generaciones de grandes cabalistas, hasta nuestros días.

Yo lo sentía. Y tenía muchas ganas de estar, aunque fuera en una pequeña medida, a la altura de él.

---

49 La última generación (Dor HaAjarón) es una generación en la cual empezará el proceso de corrección del egoísmo humano natural.

Mi parto

¿Y cómo podía yo estar a la altura? Sabía cuánto Rabash anhelaba que la Cabalá le fuera revelada a todos, por eso, desde hacía tiempo, yo había estado planeando escribir un libro. Le pregunté:
- ¿Debo invertir en ello o no?
- Sin falta. Debes escribirlo –dijo Rabash– y te ayudaré en todo. Y después de eso, me preguntaba a menudo: –Bueno, ¿qué tal va el libro?

Y el libro germinaba en mí de una manera natural, como si se estuviera gestando dentro de mí. Al fin y al cabo, yo apuntaba prácticamente todo lo que decía Rabash, tenía muchos dibujos técnicos que él regularmente corregía. Yo ya era capaz de anotar y esbozar sucintamente todo el sistema de los mundos.

Hoy, se me acusa de revelar la Cabalá a todos, de enseñar a todos; no me importa la nacionalidad, ni la edad, ni nada. Dicen que Rabash no lo permitiría. ¡Qué cosa tan estúpida!

Sí, Rabash nació en una familia ortodoxa y vivió toda su vida en un entorno religioso, pero pensaba igual que su padre, Baal HaSulam: a escala mundial. Sabía que llegaría un tiempo en el que la Cabalá estaría abierta a todos, y él me preparaba para ello, por eso apoyó plenamente la idea de escribir libros en ruso. Él entendía perfectamente que, en Rusia, se distribuirían no solo entre los judíos, pero eso no le molestó en absoluto.

Cuando el libro dentro de mí había madurado por completo, me senté y, literalmente en dos meses, lo escribí. Lo dividí en tres pequeños libros. Solté todo lo que me había dolido por dentro comprendiendo que, si no lo escribía, estallaría de la tensión.

Así es cómo di a luz a este libro, nunca mejor dicho.

Luego, cuando los libros estuvieron escritos e impresos, se los traje a Rabash y qué alegría sentí viendo cómo él los examinaba, cómo comprobaba los dibujos, sentado, con un cigarrillo en los dientes, la cabeza inclinada hacia un lado, hojeando el libro, hojeando.

A continuación, preguntó:
- ¿Cuántas copias vas a imprimir? ¿Qué precio le pondrás?
- Lo daría gratis –dije.
- No. Hay que venderlo, y no a un precio bajo. Pon un precio promedio –respondió Rabash.

Así lo hice.

Mientras escribía, mientras me dedicaba al libro, me sentía entusiasmado. En cuanto el libro salió de mí, sentí como si me hubiera quedado sin aire. Y aunque uno entienda que caer es un estado necesario en nuestro camino. E incluso uno esté preparado para ello. No hay nada que ayude.

Mis descensos

¿Cómo llegaban los descensos? Inesperadamente. De repente, se quebrantaba la grandeza indiscutible de Rabash. Era como una caída desde una altura inmensa.

Creía que estaba preparado para ellas, «cubierto» por Rabash. Pero viene una caída y no funciona nada. Caigo a menos infinito.

Uno de estos descensos no lo olvidaré nunca. En aquella ocasión, yo estaba muy ofendido con Rabash. Me quedé en casa y no era capaz de ir a verlo.

Solo más adelante me contarían que, Rabash, sorprendido, se paró en el medio de nuestra sala de estudios, con los brazos extendidos, repitiendo: «¡¿Y abandonar así a un amigo?!»

Se refería a mí, ¡a mí! ¡Se refería a mí como un amigo! ¡Y que yo lo había abandonado!

Me quedé helado cuando me contaron esto, me preguntaba por qué no me lo habían contado inmediatamente, ¡yo lo hubiera dejado todo y regresado a él!... Pero enseguida entendí que, aunque me lo hubieran dicho, yo no habría podido superar mi resentimiento, no habría podido ir hasta él.

Estaba tumbado en casa. No salí durante una semana. Un hombre físicamente sano, fuerte, y me sentía como un «trapo». No podía superarme.

Y de repente, llamó Rabash:

– ¿Qué te pasa Michael?
– No puedo levantarme.
– ¡Levántate ahora mismo y ven!

- ¡No puedo!
- ¡Ven!
- No puedo salir de casa–. De pronto, me echo a llorar. Ni recuerdo cuándo he llorado por última vez pero, en ese momento, ¡no puedo contener las lágrimas! –Rebe, ¡no puedo ni moverme! –le digo.

Entonces, suena su voz tranquila:
- Michael, ¿me oyes?
- Sí.
- Te espero esta tarde. Nos sentaremos, haremos una comida. Te entiendo.

Por la tarde, vinieron los chicos, él los había enviado, me llevaron a la comida. Rabash me sirvió un vaso de whisky y dijo:
- Ahora eres un «trapo»[50], como yo. Eso es bueno. Bebe.

Y bebí. Era nuestra habitual comida silenciosa, con plegaria interna, y ya en ese momento sentí: ¡ha funcionado! ¡Ya soy otro!

Al día siguiente, en la clase matinal, como siempre, me senté junto a Rabash. Y él no me recordó lo ocurrido, ni con palabras ni con actos.

---

50 Hay muchos componentes en el concepto de «trapo»: yo mismo no soy capaz de nada, dependo del Creador, me alegro de haber descubierto esto. Por eso, tengo tanto el principio como el final de las acciones, y en cada acción tengo que invertir fuerzas para llegar al concepto de «trapo», y luego aferrarme al Creador y obligarlo a hacer algo.
Entonces, el estado de «trapo» viene después de todos los esfuerzos, de acuerdo con el principio «trabajó y encontró». Esta es la última etapa, un grado importante en que entiendo: no tengo nada más, estoy «exprimido» hasta el final: sin poder, sin energía, sin fuerzas impulsoras, y debo recibirlas de la luz.
No puedo realizar la corrección en mí mismo, no puedo acumular los detalles necesarios de la percepción por mí mismo, pero puedo adquirir del grupo el deseo necesario para realizar dichos esfuerzos. Yo permanecería para siempre en el nivel «animal», si el Creador no me diera la oportunidad de subir hasta ese nivel exaltado, sobre el cual escribe Baal HaSulam. (Del blog de Michael Laitman).

Anularse ante el Maestro

Es lo principal. Me lo explicaron a lo largo de mi vida al lado de Rabash. Para poder recibir del maestro, hay que anularse ante él. Es un requisito indispensable.

Recuerdo que, una vez, llevaba a casa a Moshe Ashlag, el hermano de Rabash. Estábamos hablando, en aquel entonces yo era recién llegado y, de pronto, Moshe pronunció una frase que se grabó para siempre en mi corazón. Dijo: «Nada te ayudará. Debes adherirte al Rebe».

Precisamente esa palabra –«adherirse»– no me dejaba en paz. Soñaba con lo más elevado de la conexión entre Rabash y yo, es algo que busqué con anhelo toda mi vida. Más de una vez hablé con él sobre este tema, especialmente en Tiberíades. Sobre la conexión «boca a boca». Y siempre escuché la misma respuesta: anulación completa ante el Superior, una pantalla común, cuando el adulto desciende hasta el nivel del niño y deja en él una huella de lo espiritual.

Debes convertirte en un cero, «incorporarte» en el maestro, ponerte enteramente a su disposición, y él hará de ti tu próximo estado. Como a un bebé que lo acercan al pecho materno; de ese mismo modo debes anularte a ti mismo, abrir la boca y recibir del Maestro.

Es lo que entendí, experimenté en mí mismo, y claramente sentí.

Recuerdo que, al principio, buscaba la posibilidad de poder pasar desapercibido al lado de Rabash, soñaba con entrar en su «cueva» y sentarme a su lado. Pero, con el tiempo, eso se volvió más difícil puesto que el egoísmo estaba en constante crecimiento. Y cada vez, anularse era más difícil, porque el Maestro ya deseaba dar más.

Cuando llega la «noche»

Ahora, cuando llega la «noche»[51], siempre recuerdo cómo Rabash era una roca. ¡Una roca! Y cuando despierto en mí la sensación de pertenencia a esta roca, obtengo fuerzas. ¡Es él quien me las da! Y si no fuerzas, al menos paciencia. Sin ella, desde luego, no podría continuar.

Ví al hombre que decidió cambiar toda su vida por el alcance espiritual, que se sacrificó a cada instante.

No hubo ni un solo problema, externo o interno, que no cavilara largamente primero para luego reaccionar. Tenía una instantánea reacción interna a la vez que una calma exterior absoluta. Lo hecho, ¡hecho está! Y va hacia delante. Y sin dudas al respecto.

Me enseñó cuál era el verdadero trabajo. ¡Ser una rueda sin vacilar! Corregirse hasta tal punto que puedas moverte al mismo tiempo y en la misma dirección que todo el sistema.

Esto se llama ser «esclavo del Creador»[52]. Sí, tiene que haber análisis, conclusión, toma de decisiones. Pero todo esto ocurre con una frecuencia y un ritmo tales, que el inicio y el fin prácticamente se fusionan.

Así era Rabash

---

51 La «noche» significa que de repente desaparece el deseo, llega la indiferencia, se pierde el gusto. Se vuelve difícil para nosotros escuchar sobre el trabajo de una persona en su corrección, nos cansamos de hablar cada vez más sobre el amor de los amigos y la unidad. (Del blog de Michael Laitman)

52 Un esclavo es aquel que realiza el plan de su amo, sin ahondar en ese plan, sin entenderlo y ni siquiera querer alcanzarlo. «Esclavo fiel» significa que está cien por ciento contento de recibir la orden y de poder cumplirla exactamente de acuerdo con el deseo del Amo, en una forma pura, completa y perfecta, sin ningún defecto, sin ninguna interferencia de su mente, convertirse en un órgano portador de órdenes conectado al cerebro del Amo. ¡Estoy dispuesto a corregirme para convertirme en una rueda que se mueve al unísono con el sistema superior sin ninguna vacilación! Esto se llama un «esclavo del Creador», es decir, la corrección completa de la persona. Al mismo tiempo, entiendo completamente a Su sistema y el poder que lo maneja.

El error

Lo veíamos así, queríamos ser como él, todo nuestro grupo.

Por eso, teníamos prisa y cometíamos errores.

Recuerdo cómo varias personas animaron al grupo para que empezáramos a crear una comuna.

Yo me oponía, lo consideraba artificial, prematuro; entendía que las intenciones eran buenas, pero estaba en contra.

Me preguntaron: «¿Entonces para qué nos dedicamos a la Cabalá? ¿Para qué estudiamos los artículos de Rabash sobre el amor al prójimo? ¡¿Para qué nos llamamos amigos, hermanos?!».

En resumen, decidimos empezar con lo más sencillo, al menos así lo creíamos: poner todos nuestros salarios en una caja común y dividir el dinero en partes iguales.

Al día siguiente, después de la reunión de amigos, paseando con Rabash, se lo conté, no pude contenerme.

No me esperaba tal reacción.

Se paró en el medio de la calle, enrojeció y volvió a preguntar:

– ¡¿Qué?!

Tartamudeando, se lo repetí. Yo no lo había visto así en mucho tiempo.

– Para mostrar el amor a los amigos –empecé.
– ¡¿Quién les ha dado el derecho de hacerlo?! – gritó Rabash.

Y entonces entendí que lo que había pasado era algo terrible.

– ¿Qué podemos hacer? Lo han decidido todos... –balbuceé.
– ¿Quién ha decidido?
– Todos.

Bruscamente se dio la vuelta, se alejó, y súbitamente se detuvo y dijo:

– No me voy a meter en esto, ¡resuélvanlo ustedes mismos!

De inmediato volví con los chicos, allí mismo les conté acerca de la reacción de Rabash y lo paramos todo.

Luego, pensé lo ciegos que estábamos, cómo habíamos podido tomar una decisión así cuando sabíamos perfectamente a dónde llevan todas estas revoluciones. Sobre todo yo. Lo había vivido, lo había sufrido en primera persona, había visto lo que ocurre cuando unos egoístas deciden vivir en el amor fraternal y, como resultado, van derramando sangre alrededor. Y todo porque no se dieron cuenta de lo insidioso que es el egoísmo, no llevaron a cabo una larga y minuciosa preparación, no educaron a la nueva generación... Y fracasaron en todo.

Y nosotros también habríamos fracasado. Rabash previó este fracaso del grupo en el cual había invertido tanto esfuerzo. Previó el odio que, sin duda, nos habría desgarrado. Vio cómo aún no estábamos preparados para elevarnos por encima del odio hacia el amor.

Nos asustamos. Y, gracias a Dios, lo paramos todo.

Curiosamente, los instigadores, los que nos habían empujado y presionado a tomar aquella decisión, abandonaron el grupo ellos mismos unas semanas más tarde. Simplemente los echaron desde arriba...

...La tormentosa semana llegaba a su fin, y de nuevo fuimos a Tiberíades.

Por el camino, casi siempre pasábamos por Merón[53] por la tumba de Rashbi.

---

53 El monte Merón (en hebreo הר מירון) es una montaña más alta de Galilea cerca de la ciudad de Safed.

La fuerza de Rabash

El lugar donde estaba enterrado Rashbi[54] era algo especial para Rabash. Vi cómo siempre le impresionaba poder entrar ahí, tocar la piedra, decir para sus adentros algunas palabras.

Nunca decía nada en voz alta, no abría, como los demás, los Salmos ni el libro de oraciones. Siempre estaba concentrado en lo más profundo de su ser y permanecía así unos minutos, y yo estaba ahí, a su lado.

A veces me preguntaba: «Y bien, ¿has sentido algo? ¿Qué has sentido?». Yo compartía mis impresiones y veía lo lejos que estaba de él.

Pero una vez, estando ahí, en la tumba de Rashbi, pude ver a otro Rabash. Era la festividad de Lag Baomer[55].

Cada año Rabash tenía menos deseo de ir allí durante la festividad. La cuestión es que empezaron a llegar cientos de miles de personas en Lag Baomer, antes no era así. Se convirtió en un lugar de culto. Desaparecieron la decencia interna y el silencio por estar en la tumba de Rashbi, llegó el ruido exterior, la corruptibilidad, miles de personas que «venían de visita» para tocar la tumba, comprar la Jamsa[56], la Mezuzá[57], corregir la vida...

No era fácil abrirse paso hasta la tumba, hacía falta descaro y unos codos afilados.

---

54 Rashbi, rabí Shimón Bar Yojay es un gran cabalista, el autor de El Libro de El Zóhar.
55 Lag BaOmer es una festividad dedicada a Shimón Bar Yojay (Rashbi), el autor del libro cabalístico principal, El Libro de El Zóhar.
56 Jamsa (en hebreo חמסה) es un amuleto protector en forma de palma, utilizado por judíos y árabes.
57 Mezuzá es un rollo de pergamino hecho de la piel de un animal «puro», colocado en un estuche especial, pegado al marco de la puerta de una vivienda judía. El rollo contiene dos pasajes de la Torá incluidos en la oración «Shemá Israel».

La última vez que acudimos fue en Lag Baomer del año 1984.

Recuerdo que nos abríamos paso «combatiendo» hacia la tumba de Rashbi. La tomamos por asalto. Yo iba delante de Rabash mirándole de frente, agarrando sus manos y, con la espalda, abriéndome paso a través de la muchedumbre, intentando apartarlos. Esto funcionó durante un rato pero, estando más cerca de la tumba, tuve que parar. Mi espalda se topó con alguien, empujé con todas mis fuerzas pero sentía que el otro no cedía ni un milímetro.

Me di la vuelta y vi que era un tipo robusto que no estaba dispuesto a atender a razones. Intenté empujar, él, fácilmente me oponía resistencia, incluso adrede, esbozando una sonrisa. Entonces me di cuenta de que era inútil, no podíamos pasar.

De pronto, escuché a Rabash decirme: «Apártate». Me empuja hacia un lado, extiende el brazo, toma a este tipo por el hombro y le gira hacia sí.

Aquel se gira, ya listo para la pelea, y de pronto ve a Rabash, lo mira y palidece. Los ojos desencajados. Y empieza a gritar de miedo: «¡Ah-ah! ¡Ah-ah!» –fue algo salvaje. Incluso tartamudeó de miedo, se puso a agitar las manos para apartarse de Rabash cuanto más lejos... Pero no se lo permiten, todos están muy apretados unos contra otros. ¡Entra en pánico, grita, aúlla!...

Y no es que Rabash lo agarrara fuertemente, yo lo vi, solo le tocó. Pero hubo algo en la mirada de Rabash que le impresionó.

Lo que Rabash le transmitió con esa mirada no lo sé, pero el hombre retrocedió como escaldado y, de repente, todos se apartaron también. Y ante nosotros, se abrió un camino hacia la piedra del sepulcro de Rashbi. Rabash se acercó, apoyó la mano sobre la piedra, permaneció así brevemente y se alejó.

Ahora recuerdo cómo todo se calmó a su alrededor mientras él permanecía así.

Salimos de ahí y Rabash, sin decir nada, se dirigió al automóvil.

Así, constantemente, descubría yo a Rabash; cada día, cada hora. Y entendí que estos descubrimientos no tenían fin. Y que nunca podría llegar a decir: «Conozco a Rabash».

Rabash y el miedo

Pronto volví a convencerme de hasta qué punto no lo conocía. Nos fuimos temprano de Tiberíades, teníamos prisa para llegar a tiempo a la clase; los chicos estaban esperando en Bnei Brak. Y probablemente tomé un desvío equivocado mientras hablaba con Rebe. Miré a la carretera y vi nombres nuevos, me extrañó, pero seguí adelante. Y de repente, apareció ante nosotros toda una ciudad árabe, con sus calles, sus tiendas... y árabes.

Solo había árabes alrededor. Y eran tiempos turbulentos, se estaba gestando la intifada. Y en ese momento, aparecemos en su ciudad dos barbudos con trajes negros, sombreros, en fin, todo como debe ser. Y veo que, de repente, todos ellos se vuelven hacia nosotros, se detienen y empiezan a señalarnos. Alguno ya va corriendo detrás del auto, algún otro corre en paralelo al auto, y entiendo que no les costará nada detenernos, arrastrarnos un callejón y matarnos, o arrojar allí mismo piedras sobre nosotros.

Sabía que algo así podía ocurrir fácilmente, yo había estado en Shjem[58], cuando estaba haciendo el servicio militar. No nos atrevíamos a entrar ahí sin armas.

Oigo que se gritan algo unos a otros, y veo su mirada, es una mirada animal... Y me viene el pensamiento: «¡¿Rebe, está conmigo?! ¿¡Qué vamos a hacer?!»

Lo miro y veo que está tranquilo. Ni una gota de inquietud en su rostro. Y me dice:

- Un lugar muy interesante, nunca había estado aquí. No te apresures. Conduce tranquilo.

Y yo disminuyo la velocidad en el acto. Y ellos van corriendo pegados a nosotros...

---

58 Shjem (hebreo שְׁכֶם), en español Siquem, es una ciudad en la orilla occidental del río Jordán, en la Autoridad Palestina.

Pero Rebe me transmite tanta paz, él parece no verlos. ¡Pero yo sí los veo! Veo a la muchedumbre que se congrega delante y comprendo que ahora nos van a parar... ¿Qué hago?

Y de repente, detrás de una curva aparece un autobús y resulta que es nuestro autobús, de la compañía Egged[59]. De inmediato me «pego» detrás del autobús. Él serpentea, yo también, sube cuesta arriba, lo sigo... Así dejamos atrás la ciudad.

Cuando ya habíamos salido, paré el auto, me eche atrás sobre el asiento y encendí un cigarrillo. Estaba temblando, con mis manos temblorosas. Y dije con toda sinceridad:

– Rebe, ¡he pasado miedo!
– Pero yo no –dice Rebe.
– ¡¿Cómo puede ser que no?! –le pregunto.
– Estaba seguro de que no pasaría nada –dice él.

¿Cómo es posible? Miro a Rebe, él está tranquilo, incluso sonríe.

---

[59] La sociedad cooperativa de transporte Egged (hebreo אגד) es la empresa en autobuses más grande en Israel.

- Bueno, imagínate ¿qué pensaron cuando nos vieron? –dice.
- ¡Que había que matarnos! –replico yo.
- No, ellos pensaron que, si llegaron a su ciudad dos tipos como nosotros, seguramente venían por algún asunto, quizás para hablar con algún sabio nuestro, tal vez les había invitado nuestro Imán[60] –lo dice seriamente y asiente con la cabeza– Sí, sí.

Luego, entendí que él no había pensado nada de eso, él me tranquilizaba así. Lo que ocurría es que su actitud hacia el miedo era totalmente diferente.

Cuando estás conectado con el Creador, no tienes miedo. En Rabash pude ver cómo esto funcionaba. Cómo él, al instante, atribuía al Creador todo lo que estaba sucediendo, en él, en el mundo entero, de tal manera que no hubiera diferencia. Y en esta unión, desaparecían todas las dudas y los miedos. Cuando todo viene del Creador. Cuando entiendes que la razón de todo lo que sucede es para llevarte a la fusión con Él, entonces, ¿qué miedo puede haber?

Entonces ahí, en el auto, Rabash sacó su cuaderno azul Shamati y lo abrió inequívocamente por la página correcta. Era la anotación «Cuando el miedo se apodera del hombre». Yo ya había leído lo que dijo Baal HaSulam: «Cuando el miedo le sobreviene al hombre, debe saber que la única razón de ello es el propio Creador...»[61].

Así vivía Rabash. No vivía instalado en el miedo, sino en la reverencia ante el Creador. No dejaba de sorprenderme lo constante que era esa conexión. Yo quería vivir de la misma manera.

---

60 Imán es un título espiritual elevado en el Islam.
61 Shamati (Escuché), el año de 2012, página 138, el artículo 206.

Lo imprevisto

Entonces ocurrió lo imprevisto.

Regresamos de Tiberíades con la intención de volver allí el fin de semana; hubo una pequeña comida festiva, ya no recuerdo por qué motivo. Mi esposa Olia estaba arriba, en el segundo piso, con nuestras hijas, con otras mujeres y con Yojeved, la esposa de Rabash.

De pronto, veo a Olia y enseguida comprendo que ha pasado algo. Me grita en ruso desde el segundo piso: «¡Misha, sube aquí! ¡Rápido!». Todos me miraron, nadie entendía ruso. Les dije: «Tengo que subir» e inmediatamente fui corriendo arriba.

Subo y la Rabanit[62] está tumbada en el suelo, inmóvil. Pero tiene los ojos abiertos, respira. Simplemente no puede moverse. Como supimos más adelante, había tenido un derrame cerebral. Teníamos a un médico en nuestro grupo y lo llamé de inmediato, sin explicar nada a nadie. Grité: «¡Doctor, suba aquí!». El médico subió y lo entendió todo en el acto.

Y aquí cometimos un error. El doctor dijo: «Vamos a trasladarla al sofá». Pero en estos casos, no se puede tocar a la persona. La trasladamos al sofá, y yo ya estaba a punto de llamar a Rabash cuando él apareció por sí solo. Lo vio todo y... se quedó sin palabras. De piedra. Cuidadosamente, cruzó la habitación y se sentó en un rincón sin apartar la vista de ella. Observaba en silencio lo que estábamos haciendo. Tan atentamente, tan trémulamente, sin decir una palabra. Nunca olvidaré cómo la miraba. Y ella a él... Parecía tratar de tranquilizarlo, pero él ya lo entendía todo.

Llegó la ambulancia y se llevó a la Rabanit al hospital.

---

[62] Rabanit es el nombre de la esposa de un rabino.

Rabanit Yojeved

Rebe amaba mucho a su esposa. Había vivido con ella 64 años. Ella era un año o dos mayor que él y provenía de una familia muy conocida en Jerusalén. Eran antiguos residentes de Jerusalén, la llamada «noble aristocracia». Su familia había vivido en esta ciudad durante siete generaciones.

La Rabanit* Yojeved era alta, guapa, se comportaba con mucha dignidad. Yo la conocía muy bien. Teníamos una especie de vínculo interno. Quizás porque ella se percataba del trato que yo tenía hacia Rabash, como a la persona más cercana, como un hijo hacia su padre, ella me consideraba un hijo. Cada Shabat nos enviaba pescado, nadie más lo recibía, solo mi familia.

Tenía el carácter firme de una oriunda de Jerusalén. Rebe la quería, la respetaba y la obedecía ligeramente.

Yo sabía lo unidos que estaban, aun siendo tan diferentes, pero lo que vi entonces en el hospital me dejó impresionado.

En el hospital

Vi cómo Rabash la cuidaba.

El Admor[63], el hombre respetado, el gran cabalista, el maestro, la cuidaba con tanta ternura, con tanto cuidado y precaución, como a un recién nacido. Nunca hubiera podido imaginármelo. Me quedé apabullado en cuanto lo vi el primer día, y luego tampoco pude habituarme.

Con el tiempo, ella pudo recuperar el habla y algunas partes del cuerpo, pero no sus piernas.

Sí, sus hijas venían, mi esposa se quedaba de guardia, también Feiga, pero durante todos esos cuatro años, toda la tarde y la noche entera, se quedaba con ella solamente Rabash. La cuidaba, la aseaba, le daba de comer, de beber, no se apartaba de ella. Sentía que era él a quien ella necesitaba. Tenían una conexión interna impresionante.

Por enésima vez, pude comprobar cómo Rabash sabía anularse, cancelarse hasta llegar a un estado incomprensible e imposible, cómo podía entregarse por completo, al máximo, como si no existiera.

Lo miras y entiendes que eres muy pequeño frente a él, que no eres capaz de acercarte a su altura, la cual te deja maravillado.

Era amor verdadero. No el nuestro, el terrenal, el que es totalmente egoísta. Era un amor devoto, el amor de dos personas bellas.

---

63 Admor, así se llama un líder espiritual de los jasidim. Es una abreviatura de Adonenu Morenu Ve-Rabenu: nuestro Sr., maestro y mentor.

Amor

El amor está por encima del egoísmo del hombre. Nunca hablamos mucho de esto con Rabash, pero he aquí su frase: «El amor es un animal doméstico que se alimenta y crece con las concesiones mutuas...».

Así vivía con Yojeved. Construían el amor en dos planos. En uno, había entre ellos discusiones y desacuerdos. Repito que ellos eran muy diferentes: una aristócrata oriunda de Jerusalén, educada en un ambiente ortodoxo y él, un cabalista. El otro plano era la conexión que construían por encima de todos los desacuerdos. Esto es lo que se llama «todas las transgresiones quedarán cubiertas por el amor».

Viéndolos, estaba claro que solo de este modo pueden unirse dos personas y llegar a una conexión buena, sana, verdaderamente humana.

La separación

La Rabanit Yojeved murió cuatro años después. No pudo recuperarse tras el derrame cerebral.

Eran las once de la noche. Me llamaron a casa y dijeron: «Michael, tienes que venir. No sabemos qué hacer con Rebe».

Rápidamente, fui hacia allá. Rabash estaba tumbado en su habitación, en frente estaba la cama vacía de la Rabanit. Entré, me senté junto a él y le pregunté: «¿Quiere decir algo a los demás?». Él contestó: «No».

Estuvo un buen rato sin decir nada, y yo no quería interrumpir su silencio. Yo también estaba sentado en silencio, no muy lejos. Al otro lado de la puerta se oían voces femeninas. Rabash preguntó: «Michael, ¿qué quieren? Pregúntales».

Salí a hablar con sus hijas y dijeron que querían encargar autobuses para ir a Jerusalén, al Monte del Descanso[64]. Volví a la habitación de Rabash, se lo conté y se sorprendió: «¡¿Para qué en el Monte del Descanso? ¡¿Por qué Jerusalén?! ¿No ven que hay un cementerio ahí fuera? A trescientos metros de casa. Enterrémosla aquí».

No era un menosprecio hacia su mujer, no. Así era su actitud con todo lo exterior. Pero, por supuesto, las hijas no lo entendieron. Se indignaron: «¡¿Nuestra madre en Bnei Brak y no en Jerusalén?! ¡Una oriunda de Jerusalén! ¡Imposible!». Entonces Rebe me dijo: «No voy a interferir. Que hagan lo que quieran».

Así, Yojeved fue enterrada en Jerusalén.

---

64 Har HaMenujot (hebreo הר המנוחות, Monte del Descanso) es un cementerio judío central en Jerusalén.

Rabash me sorprende de nuevo

Los siete días después del funeral de Yojeved, Rebe permaneció en silencio, absorto en sí mismo, pensando. Hicimos Shiva[65], y él, una vez más, me sorprendió.

Demostró lo que significa aferrarse únicamente a la meta, solo la ves a ella, solo te diriges a ella. Y solo a ella le eres leal. Por encima de la mente, de los sentimientos, los objetivos terrenales, por encima de todo.

Se me acercó y me dijo: «Ayúdame a encontrar una esposa». Yo, me quedo sorprendido, no sé qué contestar y tardo en reaccionar. Rabash prosigue: «No tengo elección. Necesito hacer una Jupá[66]».

Yo ya entendía la raíz espiritual de esta exigencia. Sabía que un cabalista debe estar casado, pero no me imaginaba que Rabash tomaría la decisión tan rápidamente.

Él y Yojeved eran inseparables en la alegría y en el dolor. Yojeved se fue, y yo creía que debía pasar algún tiempo, quizás un año, dos... pero no. Él no podía esperar, no tenía derecho a ello. La exigencia de estar casado, aunque solo fuera formalmente, estaba para él por encima de todo, porque era la exigencia del Altísimo.

De modo que Rabash da un nuevo giro a su vida prácticamente al final de ella...

Después de una larga búsqueda, Feiga, que cuidó a la mujer de Rabash y en la cual Rabash veía a una discípula leal, se convierte en su segunda esposa. Y en esto también, como antes, otra vez demuestra que está dispuesto a cualquier revolución, independientemente de lo que digan, lo que piensen o, de cómo lo miren. Si se trata de la meta, él está dispuesto a todo. Pero de esto hablaré en otro momento.

---

65 Shiva es una ceremonia de luto que dura siete días. En ella participan los familiares más cercanos del fallecido: padre, madre, hermano, hermana, hijo, hija, esposa, esposo.
66 Jupá es un baldaquín de boda, un dosel bajo el cual se lleva a cabo una ceremonia del matrimonio. Según la Cabalá, Jupá, es decir una pantalla y la Luz Reflejada, simboliza la adhesión con el Creador.

Rabash se debilita

Pasó un año más. Cada día que pasaba con Rabash era especial. Estar cerca de él era la mayor felicidad. Por supuesto, yo quería seguir así para siempre. Pero entendía que tendríamos separarnos físicamente.

Procuraba no pensar en su muerte.... pero una vez me asusté mucho...

Rabash ya tenía 85 años y, de repente, se hizo evidente que aquel «Rebe corredor», como le llamaban en Bnei Brak, ya no era tan «corredor».

Fuimos al mar durante todo el verano pero él ya no se bañaba. Yo le esperaba para entrar al agua juntos y él me decía: «Vete, vete, no me esperes».

Normalmente, él solía entrar primero. Nadaba temerariamente sus cuatrocientas brazadas, pero ahora yo nadaba solo, volviendo atrás la cabeza todo el tiempo para mirarlo. Desde la lejanía, él me saludaba con la mano y caminaba, caminaba por la playa todo el tiempo pensando en algo suyo.

De alguna manera, ya se había dejado ir. Él lo aceptó. Pero yo no lo entendía. Se cerró a todo tipo de tratamientos, eso nunca antes había sucedido. En el pasado, él solía acudir dócilmente a los médicos, cumplía todas sus indicaciones. Y de repente, descubrí que él había empezado a sangrar, se lo dije preocupado, me miró de una manera muy extraña y contestó: «No es nada». Le digo: «Pero, Rebe...». Y él me interrumpe: «¡Ya está! ¡No hay nada más que hablar!». Y, tal como todavía puedo recordar, hace un gesto con la mano como diciendo: ¡Déjalo!

Él ciertamente sabía que se iba.

Lo sintió con absoluta claridad. Pero yo pensaba que todo pasaría.

Ni siguiera quiso que comprasen Etrog y Lulav[67] para la fiesta de Sucot; no quería hacer nada por adelantado. Se acercaba la festividad de Rosh Hashaná[68] seguida de Sucot, pero él ya no hablaba de la Sucá. Yo conocía su actitud reverencial ante esta festividad, cómo exigía observar las más pequeñas sutilezas para la construcción de la Sucá. Ya un mes antes de la fiesta, empezaba a preocuparse y a ponernos a todos en marcha, pero ahora estaba callado.

---

67 Lulav, etrog, hadasim, aravot son plantas, atributos de la festividad de Sucot, que simbolizan varias calidades humanas.
68 Rosh HaShaná (La cabeza del año) es el Año Nuevo judío, una festividad que personifica el comienzo del despertar espiritual de una persona.

Y todo el tiempo sumido en sus pensamientos.

Es increíble cómo yo no hice sonar la alarma. Tenía que haberle convencido para que fuera al médico, hacerse todas las pruebas; no tenía que haberme quedado conforme, no tenía que haberlo dejado hasta que se hiciera la revisión…

Pero no me dejaron hacerlo. De algún modo, la advertencia que habíamos recibido hacía tiempo, cayó en el olvido. Mi amigo Yosi Guímpel me contó que había hablado con una mujer de Beer Sheva, le había dicho que Rabash pronto dejaría este mundo. Además, ella añadió una extraña frase: «Yosi, ¡¿por qué te comportas así?! Tienes una persona a la que puedes acudir y saberlo todo por medio de él, y él desea que lo hagas, pero tú no eres capaz». Entonces, Yosi le contestó: «Es verdad, no puedo. No sé cómo hacerlo. No sé cómo acercarme, cómo preguntar; lo deseo realmente, pero no sé». Y ella le dijo: «Está bien, déjalo. Pero recuerda, él tiene tiempo solamente hasta el año 91». Eso había ocurrido unos cuatro años antes de la muerte de Rabash. Pero, de algún modo, todo cayó en el olvido. Pensamos: ¡¿Cómo vamos a creernos estas predicciones?! Y todo se borró de nuestra memoria.

Pero así es cómo sucedió.

Hoy en día ya entiendo cómo es cuando te dejan completamente bloqueado, simplemente apagan tu cerebro, tus sentimientos, el miedo, la ansiedad. Estamos a merced del Supremo. Él lo gobierna absolutamente todo.

Y Rabash sabía esto mejor que nadie. Mantenía un diálogo interno con el Creador.

Los últimos días

Una vez, durante la clase, se me acercó Miller y me susurró: «¿Has visto?» y señaló a Rebe. Rebe estaba sentado en la mesa, estaba temblando.

«¿Sabes? Esta no es la primera vez» –dijo él. Yo le contesto: «Pero ¡yo no me he dado cuenta! ¡¿Cómo puede ser?!». Y entonces me asusté, pensé de inmediato: ¡Hay que hacer algo al respecto! Aquellos ya eran ataques cardíacos. Tal como yo lo entendía, ya era un infarto. Rabash ya había sufrido un infarto sin acudir al hospital, sin decir nada a nadie. Deliberadamente no dijo nada a nadie.

Llamé de inmediato a un médico que conocía. Trajo un cardiógrafo. Hicimos un electrocardiograma. Él médico me dijo: «Creo que hay que ir urgentemente al hospital. Algo malo le está pasando. Voy incluso a acompañarles».

Y fuimos al Hospital Beilinson. Sabía que Rabash tenía un corazón muy fuerte, pero que fuese posible recuperarse así en unos minutos, en una hora... ¡no me lo imaginaba! De nuevo, a Rebe le hacen un electrocardiograma en el hospital, y... todo está bien. El electrocardiograma muestra un corazón completamente sano, un pulso estable, la presión de llenado –todo como el de un niño.

Querían enviarnos a casa pero insistí, y nos trasladaron primero a la unidad de cardiología. Pero luego, a pesar de todo, nos pasaron a la planta general. Ellos pensaron que era un caso ordinario, nada urgente.

La actitud de los médicos, al fin y al cabo, era muy sencilla: para ellos no era un gran cabalista, el último cabalista de su generación. Para ellos era un anciano de 85 años, nacido en 1906, que ya había vivido lo suyo...

«Be toj amí anojí yoshévet» (Me quedo entre mi pueblo)[69]

No me aparté de Rabash durante dos días. Lo lavé, le cambié su pijama, lo cubrí con una manta, y estuve todo el tiempo sentado a su lado.

En aquella habitación compartida había entre 6 y 8 personas, todos mayores, como él. Uno de ellos gimoteaba sin parar y decidí insistir para que a Rabash le volvieran a asignar una habitación individual. Pero Rebe me dijo: «No hace falta, Michael, be toj amí anojí yoshévet... Ve tranquilo, yo me dormiré ahora, siento que me quedaré dormido, vete. Ven pronto mañana por la mañana, quiero que me dé tiempo a ponerme los Tefilín». Entonces, me toma la mano y dice: «Aquí tienes el cuaderno de Shamati, es para ti –y me da su cuaderno azul, aquel del que nunca se había separado, simplemente lo pone en mi mano– Tómalo y estúdialo... Ahora, ve».

Y me fui.

Giré mi cabeza antes de salir de la habitación, él levantó una mano despidiéndose. Y yo salí. También, pensé: «¿Por qué me ha dado su cuaderno? ¿Por qué precisamente ahora? ¿Qué quiere decir con eso?». Pensé en ello, pero en ese momento no entendí que así era cómo se despedía de mí. Me entregó lo más preciado, lo que había llevado consigo toda su vida: las anotaciones tomadas de su padre, de las cuales jamás se separó.

Ahora que estoy recordando todo esto, me resulta extraño y sorprendente el no haberme quedado, el haber estado de acuerdo con él, cómo supo «adormecerme». Pero, una y otra vez, llego a la misma conclusión, que no yo podía hacer nada, que todo está en manos del Supremo, y que, todo lo que nos ocurre, viene dado por Él, y nosotros, frente a Él, no somos nada. ¡Nada!

---

69 «Me quedo entre mi pueblo» – entre los que se unen en un todo para revelar al Creador, la Luz, el amor, el otorgamiento, dentro de esta unidad.

Así se fue él

Al día siguiente, por alguna razón, salí de la clase con retraso. Luego, fui a casa a recoger las gachas de avena que Olia le había preparado, él las pidió con leche, sin azúcar... Mientras iba y venía, cuando llegué al hospital, eran ya las seis y media. Lo recuerdo con exactitud: miré el reloj y vi las agujas como si se hubieran parado.

Él estaba acostado, girado hacia la ventana, acurrucado como un niño. Y de repente, lo entendí todo, me acerqué corriendo, escuché su respiración... Se estaba asfixiando. ¡Y a nadie parecía importarle! Nadie hizo sonar la alarma, nadie llamó a los médicos... Alrededor de él solo había unos cuantos ancianos que no oían que Rebe se estaba ahogando; él yacía en silencio, no se quejaba. Lo llamé: «¡Rebe! ¡Rebe!...». No respondió. Fui corriendo a por los médicos.

El doctor lo miró, de inmediato lo entendió todo. Trajeron un desfibrilador. Intentaron reanimar el corazón. Los médicos estuvieron intentándolo durante unas dos horas. Yo quería quedarme en la habitación, pero me llevaron al pasillo.

Mientras estaba de pie en el pasillo, podía ver la habitación a través de un cristal. Vi cómo trabajaban. Realmente hicieron todo lo que pudieron. No lo dejaban, le ponían inyecciones intravenosas... Pero yo estaba ahí y me daba cuenta de que se estaba muriendo ante mis ojos la persona más cercana del mundo; no había nadie más cercano... Y nunca lo habría.

Sin embargo, no sentí ningún pánico. Él me había preparado para su partida...

Así es como murió, sin recobrar la consciencia.

El doctor salió, empapado en sudor, un tipo de aspecto robusto, y me dijo: «Ya está». Asentí con la cabeza. Mis acciones a continuación, las recuerdo vagamente.

Llamé a Olia, luego llamé a Feiga, a Miller; vinieron rápidamente, llegaron los hijos de Rabash. Se reunieron muchos de los nuestros, todo el pasillo estaba lleno de estudiantes, de parientes. Yo fumaba un cigarrillo tras otro.

Se llevaron a Rabash al hospital. El doctor me dio su reloj. Se acabó.

Se fue y se quedó

Qué ocurrió después...

El funeral fue aquel mismo día, un viernes. En el periódico religioso Amodía apareció un artículo:

האדמו"ר רבי ברוך אשלג זצ"ל

«El 15 de septiembre de 1991, al final de la fiesta de Rosh Hashaná (Rabash), se sintió mal y fue llevado urgentemente al Hospital Beilinson. Sus seguidores y admiradores oraron por su pronta recuperación, pero el viernes, a las 7 de la mañana, él devolvió su alma al Creador. Junto a su lecho de muerte estaban sus hijos: el rabino Shmuel y el rabino Yehezkel, y su hombre de confianza, Michael Laitman».

Rabash fue enterrado junto a Baal HaSulam[70].

Acudieron todos aquellos a los que pudimos informar. Yo me quedé un poco retirado. No me acerqué a la tumba. Ahí los parientes estaban al mando. Luego hubo la Shiva[71]. La gente iba y venía, hubo muchas lágrimas, palabras. Fue entonces cuando subió mi presión arterial, me tambaleaba, la cabeza me daba vueltas, nunca antes me había pasado eso. La medimos y estaba en 180 / 110. Ni que decir tiene que mi tensión interna era enorme.

Sin embargo, recuerdo con total claridad que, a pesar de todo, no había miedo ni pánico. Es decir, que los dos lados del cerebro funcionaban. En un lado, por supuesto, existía la sensación de que él se había ido físicamente. En el otro, existía el completo entendimiento de que empezaba una nueva etapa.

Y eso, a pesar de que, durante todos esos 12 años, yo estuve completamente unido a Rabash. Desde la mañana a la noche había estado con él, si no físicamente, en mis pensamientos. «Hay que comprar queso para Rabash, se ha quedado sin queso; hay que llevarlo al médico: está durmiendo peor; Olia le ha preparado comida, habrá que llevársela antes del almuerzo... Y de esto tengo que hablar con él, que no se me olvide...». Él se había convertido en mi segundo yo. No podía imaginarme la vida sin Rabash.

---

70 «Cuando murió el Rebe, tampoco sabían dónde enterrarlo. A diferencia de muchas otras personas, no se compró un lugar en el cementerio. En aquel entonces, los lugares cerca de Baal HaSulam se vendían por $5,000 o más. Hubo personas que los compraron para ellos mismos hace mucho tiempo. El Rebe no pensaba en eso en absoluto, porque dicha cosa no estaba relacionada con la Meta. Entonces, no existía para él». (Del Blog de Michael Laitman).

71 Shiva es una ceremonia de luto que dura siete días. En ella participan los familiares más cercanos del fallecido: padre, madre, hermano, hermana, hijo, hija, esposa, esposo.

¡Y de repente ya no está!...

Al principio, me despertaba de un salto, empapado en sudor, miraba el reloj: ¡Me he quedado dormido!... ¡Ya son las nueve y media, y tenía que haber estado con él a las nueve!... Y de repente, me doy cuenta de que no llego tarde, de que no hay ningún sitio a donde ir.

Me acostaba, cerraba los ojos y le veía frente a mí, como si estuviera vivo...

Si, al principio no fue fácil... Y lo difícil que era conducir en el auto sin él, después de todo, habíamos viajado tanto juntos... Y no escuchar: «¡Michael, te he dicho que no vayas tan deprisa!», no le gustaba cuando yo iba a más de 90; «Michael, hay que limpiar el parabrisas», a él le gustaba que los cristales estuvieran impolutos: «Michael, vámonos hoy a Merón...». Y nos íbamos a Merón, a la tumba de Rashbi... Pero ahora, ¡¿con quién voy?!

Pero aun así, de algún modo, todo esto se fue calmando con el tiempo. Precisamente porque también funcionaba el segundo lado del cerebro: el principal. Ahí, es donde le podía sentir absolutamente. Es decir, se fue mi Maestro, mi padre, mi amigo... ¡Pero no se fue! Cuanto más tiempo transcurría, más cerca lo sentía. Es que, sencillamente, la entrega de Rabash fue completa. Nunca hubo un solo momento en el que hiciera algo para sí mismo. Todo tenía una única dirección: desde sí mismo hacia los demás.

Y él me contagió esa dirección.

Sentí que me estaba empujando hacia delante, y que no tenía más remedio que avanzar, lo mismo que él, sin desviarme del camino, sin venderme a nada en este mundo, avanzar como él, y hacer todo lo posible para transmitir al mundo lo que él le quería transmitir. Lo que él invirtió en mí. Sentí en mí esa responsabilidad, la sentí entonces y la siento hoy.

¿Lo que me pasó después? Todo es él: Rabash.

www.ingramcontent.com/pod-product-compliance
Lightning Source LLC
Chambersburg PA
CBHW070549050426
42450CB00011B/2790